RESEARCH AND PRACTICE
ON CONTINUOUS RIGID FRAME BRIDGE WITH BEAM ARCH COMBINATION

梁拱组合连续刚构桥
研究与实践

李亚勇 向中富 宋鹏飞 赖亚平 丁艳超 等 著

人民交通出版社

北京

内 容 提 要

梁拱组合连续刚构桥系在常规连续刚构桥、空腹式连续刚构桥的基础上发展而来的。梁拱组合连续刚构桥融合梁"受弯"与拱"受压"的特点，充分发挥梁、拱的共同作用，有效克服常规大跨径连续刚构桥开裂及后期超限下挠的缺点，适用更大跨径连续刚构桥建设需要。本书依托重庆礼嘉嘉陵江大桥建设，介绍梁拱组合连续刚构桥的总体布置、设计理论与方法、梁拱结合段试验研究、结构设计及施工技术。全书分5章：第1章概述，第2章梁拱组合连续刚构桥设计理论与方法，第3章梁拱组合连续刚构桥梁拱结合段试验研究，第4章梁拱组合连续刚构桥结构设计，第5章梁拱组合连续刚构桥施工技术。

本书对促进连续刚构桥的发展具有重要参考价值，可供桥梁工程设计、施工及研究人员借鉴，也可供高等学校相关专业学生学习参考。

图书在版编目(CIP)数据

梁拱组合连续刚构桥研究与实践 / 李亚勇等著. —北京：人民交通出版社股份有限公司，2024.4
ISBN 978-7-114-18973-9

Ⅰ.①梁… Ⅱ.①李… Ⅲ.①拱桥—组合梁桥—连续刚构桥—研究 Ⅳ.①U448.23

中国国家版本馆CIP数据核字(2023)第170911号

Liang-Gong Zuhe Lianxu Ganggouqiao Yanjiu yu Shijian

书　　名：	梁拱组合连续刚构桥研究与实践
著 作 者：	李亚勇　向中富　宋鹏飞　赖亚平　丁艳超　等
策划编辑：	卢俊丽
责任编辑：	陈虹宇
责任校对：	赵媛媛
责任印制：	刘高彤
出版发行：	人民交通出版社
地　　址：	(100011)北京市朝阳区安定门外外馆斜街3号
网　　址：	http://www.ccpcl.com.cn
销售电话：	(010)59757973
总 经 销：	人民交通出版社发行部
经　　销：	各地新华书店
印　　刷：	北京建宏印刷有限公司
开　　本：	787×1092　1/16
印　　张：	12.25
字　　数：	298千
版　　次：	2024年4月　第1版
印　　次：	2024年4月　第1次印刷
书　　号：	ISBN 978-7-114-18973-9
定　　价：	78.00元

(有印刷、装订质量问题的图书，由本社负责调换)

前言 PREFACE

预应力混凝土连续刚构桥已成为 100～250m 跨径混凝土梁式桥的主要形式。随着混凝土连续刚构桥跨径的增大,梁高也随之增大,箱梁开裂、后期超限下挠等成为制约混凝土连续刚构桥发展的主要因素。为改善常规的预应力混凝土连续刚构桥结构性能,将主梁根部区段挖空形成的空腹式连续刚构桥(如跨径 290m 的贵州水盘高速公路北盘江大桥)、将主跨中部置换为钢箱梁的钢-混凝土混合连续刚构桥(如跨径 330m 的重庆长江大桥复线桥)等相继问世。然而,无论是空腹式连续刚构桥还是钢-混凝土混合连续刚构桥,其结构整体上仍以"梁"为主要承重结构,难以适应更大跨径的混凝土梁式桥发展需要。

本书针对重庆礼嘉嘉陵江大桥建设需要,在常规连续刚构桥、空腹式连续刚构桥基础上,研究提出了梁拱组合连续刚构桥设计。梁拱组合连续刚构桥融合梁"受弯"与拱"受压"的特点,充分发挥梁、拱的共同作用,能有效克服常规大跨径连续刚构桥开裂及后期超限下挠的缺点以及适应更大跨径连续刚构桥建设发展的需要。

本书在大跨径梁拱组合刚构桥建设关键技术研究与应用示范项目的基础上,依托重庆礼嘉嘉陵江大桥设计施工,重点介绍梁拱组合连续刚构桥设计理论与方法、梁拱结合段试验研究、结构设计以及施工技术。本书的出版对促进梁拱组合连续刚构桥及混凝土梁式桥的建设发展具有重要意义。

本书由李亚勇、向中富、宋鹏飞、赖亚平、丁艳超主笔合著,谭芝文、曹喜良、乔云强、陈胜凯、戴亦军、周学勇、黄海东、张斌、王蓬、邱琼、闫福成、李仁杰、秦宗琛、陈家勇、苟成龙、成俣、张帅、张剑、张文魁、魏全成、杨丁等参加撰写,全书由向中富统稿。项目研究及本书撰写过程中得到了重庆市科技局,礼嘉嘉陵江大桥建设、设计、施工、监理、监控等参建单位及人民交通出版社的支持与帮助,在此一并表示感谢。

由于作者水平有限,书中谬误之处在所难免,敬请读者不吝赐教。

著　者

2023 年 6 月 18 日

目录 CONTENTS

第1章 概述 ········ 001
1.1 混凝土梁式桥的发展 ········ 001
1.2 梁拱组合连续刚构桥的构思 ········ 002
1.3 梁拱组合连续刚构桥总体布置 ········ 003
1.4 梁拱组合连续刚构桥的特点 ········ 007

第2章 梁拱组合连续刚构桥设计理论与方法 ········ 008
2.1 刚构桥结构体系演变 ········ 008
2.2 梁拱组合连续刚构桥的提出 ········ 010
2.3 梁拱组合刚构体系桥拓扑演化分析 ········ 012
2.4 梁拱组合连续刚构桥力学分析 ········ 019
2.5 结构设计总体要求 ········ 021
2.6 结构计算原则及方法 ········ 022
2.7 合理成桥目标状态 ········ 025
2.8 结构参数分析 ········ 029
2.9 三角区上弦梁施工过程临时拉索布置安全优化研究 ········ 052

第3章 梁拱组合连续刚构桥梁拱结合段试验研究 ········ 057
3.1 概述 ········ 057
3.2 梁拱结合段有限元分析 ········ 057
3.3 梁拱结合段结构承载力分析 ········ 065
3.4 梁拱结合段模型试验 ········ 071

第4章 梁拱组合连续刚构桥结构设计 ········ 093
4.1 桥用材料选用 ········ 093
4.2 设计计算基本要求 ········ 093
4.3 设计作用 ········ 096

4.4	结构分析	097
4.5	持久状况承载能力极限状态计算	099
4.6	持久状况正常使用极限状态计算	100
4.7	持久状况和短暂状况构件应力计算	101
4.8	结构与构造设计	101

第 5 章　梁拱组合连续刚构桥施工技术 … 113

5.1	三角区结构形成方式	113
5.2	三角区不同形成方式下的结构受力分析	118
5.3	三角区双扣索施工法形成过程结构分析	126
5.4	上弦梁施工	132
5.5	下弦拱施工	152
5.6	上弦梁与下弦拱斜拉扣挂施工	174
5.7	上、下弦合龙段施工	177

参考文献 … 187

第1章

概述

1.1 混凝土梁式桥的发展

桥梁是公路、铁路、城市道路的关键结构工程,被称为道路的咽喉。中华人民共和国成立后,特别是改革开放以来,一方面为适应经济社会发展需要,另一方面,国家实力不断增强,中国桥梁得到迅猛发展。从数量上看,改革开放前仅有桥梁10余万座,而截至2022年底,我国桥梁总数已近120万座。从主要体现桥梁跨越能力、技术水平、建设难度等的跨径来看,在梁式桥、拱式桥、斜拉桥、悬索桥四类桥型中,跨径位于世界前十的桥梁中60%以上在中国。随着我国经济社会的持续发展,加快建设交通强国的奋力推进,桥梁建设发展仍然是关键之一。

在所有的桥梁中,混凝土梁式桥占90%以上,是桥梁的主要形式。中华人民共和国成立70余年来,混凝土梁式桥发展过程大致为:采用钢筋混凝土简支梁桥替代石梁桥、木桥等;为增大桥梁跨径,预应力混凝土简支梁桥出现,并基本替代了钢筋混凝土简支梁桥;为减少桥面伸缩缝,提高行车舒适性,简支桥面连续梁桥出现并得到广泛应用;为进一步改善结构受力以及行车条件,简支连续梁桥(先简支后连续,先简支后刚构)出现并成为各级公路中小跨径桥梁的主要形式;为适应桥梁跨径的增大,钢筋混凝土连续梁桥(主要用于立交匝道桥)、预应力混凝土连续梁桥(主要用于主线桥)被采用;为进一步改善大跨径混凝土连续梁桥结构受力,减少支座使用,方便施工,预应力混凝土连续刚构桥出现(称为普通连续刚构桥,见图1.1),并已成为100~250m跨径混凝土桥梁的主要形式;随着预应力混凝土连续刚构桥跨径的增大,梁高也随之增大,箱梁开裂、后期超限下挠等成为制约其发展的主要因素,将主梁根部区段挖空形成的空腹连续刚构桥(如跨径290m的贵州水盘高速北盘江大桥)、主跨中部采用钢箱梁的钢-混凝土混合连续刚构桥(如跨径330m的重庆长江大桥复线桥)被研究和提出。

图1.1　普通连续刚构桥

1.2 梁拱组合连续刚构桥的构思

为进一步改善连续刚构桥的受力,降低结构开裂和后期超限下挠风险,提高结构长期耐久性,适应更大跨径(350m左右)预应力混凝土连续刚构桥建设需要,研究新型连续刚构桥梁结构非常必要。

针对新型连续刚构桥梁,在总体结构、技术经济、施工方法等方面需要与普通连续刚构桥相似,在跨越能力方面需比普通连续刚构桥以及空腹式连续刚构桥更有优势,结合重庆礼嘉嘉陵江大桥建设需要,提出梁拱组合连续刚构桥构思(图1.2)。

图1.2　梁拱组合连续刚构桥

梁拱组合连续刚构桥是在常规连续刚构桥以及空腹式连续刚构桥形式上提出的,可充分发挥梁拱组合结构效应的结构,由上部结构靠近桥墩的三角区上、下弦及中部梁体组合结构共同承受荷载,是一种结构受力明确、外形美观、新颖的组合结构体系。它利用三角区下弦拱承担压力,梁体(相当于上承式系杆拱刚性系梁)抵抗下弦拱产生的推力,不但克服了传统拱桥巨大的拱端推力,还改善了连续梁桥较大的弯矩和剪力的受力状况,最大限度地发挥了混凝土拱桥和预应力混凝土刚构桥各自的特点。同时,相对于常规刚构和空腹刚构,梁拱组合连续刚构可更大限度地减小桥梁构件断面尺寸,使主跨两三角区之间的梁体长度更小,从而使得结构受力更明确,混凝土收缩徐变导致的后期变形以及结构裂缝更可控,结构更轻盈,结构刚度更大。

梁拱组合连续刚构桥可采用与常规连续刚构桥相似的平衡悬臂施工方法,总体上具有运营费用少、工程造价低的优点,能够避免常规连续刚构桥跨中不易控制的长期下挠及超高腹板开裂的典型缺陷,经济性好、工期短、施工简便,桥型兼具梁桥的简洁造型和拱桥的优美线形,与周边环境景观协调。

1.3 梁拱组合连续刚构桥总体布置

1.3.1 梁拱组合连续刚构桥结构组成

梁拱组合连续刚构桥是一种将预应力混凝土连续刚构和上承式拱相结合,形成自平衡无推力受力体系,改善跨中下挠、腹板开裂病害,提高结构刚度,实现更大跨越能力的新型组合桥梁。梁拱组合连续刚构桥主要由上弦梁、下弦拱、梁拱结合段、墩梁结合段、墩拱结合段、常规梁段、桥墩七部分组成,如图1.3、图1.4 所示。

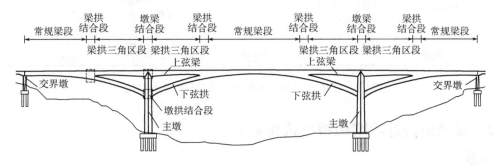

图 1.3 梁拱组合连续刚构桥

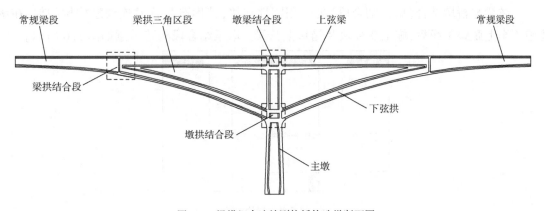

图 1.4 梁拱组合连续刚构桥构造纵断面图

其中:

上弦梁:梁拱组合预应力混凝土连续刚构桥的梁拱三角区段顶部直接承受车辆荷载的平直梁段。

下弦拱:梁拱组合连续刚构桥的梁拱三角区段下部连接上弦梁与主墩之间的曲线拱段。

梁拱结合段:梁拱组合连续刚构桥的梁拱三角区上弦梁、下弦拱交汇后至常规梁段之间的节段。

墩梁结合段:上弦梁与桥墩固结处的节段,与常规连续刚构桥0号块构造相似。

墩拱结合段:下弦拱与桥墩固结,为实现无推力自平衡体系,需在桥墩内腔设置横隔板。

主墩宜采用独柱空心薄壁墩,为减小流水通过阻力,主墩横桥向设置分水尖,桥墩截面外圈为六边形,内圈为四边形。主墩设计一方面要满足在各种荷载作用下桥墩强度、刚度和稳定性的要求,另一方面,其柔度要能适应由混凝土收缩、徐变和温度变化等引起的纵向位移。

图1.3、图1.4所示为跨径较小的梁拱组合连续刚构桥布置。当跨径更大时(一般指跨径大于280m),上弦梁与下弦拱构成的三角区范围将更大,为改善上弦梁与下弦拱局部受力情况,需要在上弦梁与下弦拱之间设置联系构件,图1.5所示即为适用于更大跨径的梁拱组合连续刚构桥总体布置之一。

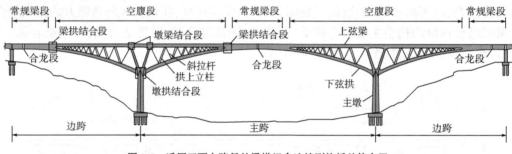

图1.5 适用于更大跨径的梁拱组合连续刚构桥总体布置

1.3.2 梁拱组合连续刚构桥结构构造

1. 上弦梁与桥墩结合构造

上弦梁与桥墩结合(墩梁结合段)处采用刚性连接,其构造与普通连续刚构桥相似,在墩柱施工至上弦梁下缘后,施工0号块及箱形上弦梁。墩梁结合段构造示意如图1.6所示。

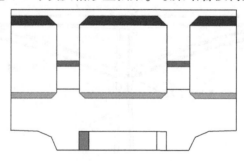

图1.6 墩梁结合段构造示意图

2. 下弦拱与桥墩结合构造

下弦拱与桥墩结合部位也称墩拱结合段。主墩在与下弦拱相交位置的墩柱侧壁开设人孔,以保证下弦拱与桥墩的连通,方便施工及养护;在与下弦拱顶板和底板对应位置均设置横隔板,以保证墩拱相交处力流平顺过渡,并开人孔,方便施工人员进入上下墩柱范围。墩拱结合段构造示意如图1.7所示。

3. 梁拱结合段构造

梁拱组合连续刚构桥与普通空腹式连续刚构桥的区别在于

图1.7　墩拱结合段构造示意图

具有更大的空腹区域。梁拱组合连续刚构桥三角区上弦梁与下弦拱汇合形成的梁拱结合段是全桥的关键部位。三角区梁拱结合段是连续梁结构与拱结构受力体系的过渡点,是上弦梁约束力与下弦拱压力交汇点,空间受力状态复杂。实现上弦梁底板与下弦拱顶板的构造融合以及梁拱结合段的应力自然传递十分重要。由于主梁高度在此突变,横、竖、纵三向预应力在此交错,受力特性不是很明确,影响结构受力性能因素较多,因此,采用合理的梁拱组合构造形式是保证其结构安全的关键。

(1) A形隔板式结合构造

虽然梁拱组合连续刚构桥与空腹式连续刚构桥结构相似,但因空腹式连续刚构桥空腹范围较梁拱组合连续刚构桥小许多,因此,空腹式连续刚构桥结构整体受力仍类似于常规连续刚构桥,而梁拱组合连续刚构桥上部结构具有的拱肋与连续梁组合的特点更加明显。在梁拱组合部位,拱结构产生的拱轴力与连续梁产生的轴力、剪力、弯矩交汇,连续梁能抵消拱结构产生的巨大推力,而拱轴力能有效平衡主梁剪力和弯矩。在进行构造形式设计时,为避免结构中巨大的作用力交汇于一处,致使该处出现应力突变,需保持流畅的线形来保证传力顺畅;又为充分保证梁结构与拱结构的组合效应,需尽量保持力线顺延而不分离。故针对梁拱组合连续刚构桥梁拱组合部位的受力特性,提出了A形隔板式结合构造形式。A形隔板式结合构造通过让上弦梁和下弦拱交汇后形成A字形板式结构的中隔板来保证梁拱组合部位主梁与拱结构之间的传力平顺连接与自然过渡。A形隔板式结合构造示意如图1.8所示。

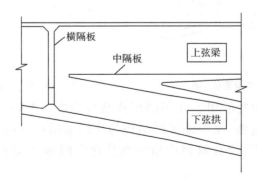

图1.8　A形隔板式结合构造示意图

A 形隔板式结合构造考虑到梁拱组合部位需要让拱结构的轴力和连续梁产生的内力相互影响来达到改善受力的目的,所以在保证力线平顺的前提下,调整结构参数,使结构线线保持交汇。同时,通过设置横隔板完成由两箱室到一箱室的过渡,并加强截面的横向刚度,限制畸变。

(2) X 形隔板式结合构造

梁拱组合部位是通过下弦具有一定抛物线线形的拱结构与上弦梁体相交汇形成的一个箱形断面,如果按普通连续刚构桥的构造设计,仍将两者僵硬地汇聚在一起,那么拱肋结构和连续梁所传递的巨大轴力、弯矩、剪力等直接作用于一处,会导致交汇段的内力骤然增大而难以控制,使该处出现高应力区。为保证该处在传力上能平顺连接、自然过渡,借鉴空腹式连续刚构桥常用的上下弦合龙段 V 形挑板式构造,将上弦梁、下弦拱的结构线形进行顺延,并在交汇后再使线形分离,保持力线平顺,从而形成 X 形隔板式结合构造,如图 1.9 所示。

X 形隔板式结合构造以线形顺延的方式形成 X 构型的上、下隔板,来达到线形流畅、平顺连接、自然过渡的效果,避免在汇合处出现超常的应力突变、应力过大的情况,有效改善了梁拱交汇产生的复杂内力对结构的不利影响;横隔板的设置,既达到了分隔箱室的作用,又能有效加强截面刚度,限制畸变。

(3) 大字形隔板式结合构造

横隔板是桥梁空间整体结构的重要组成部分,能达到分隔箱室、加强横向刚度、限制畸变的效果,还能有效地传递荷载。综合考虑上弦梁、下弦拱汇合前后的传力平顺、梁拱组合结构特性的充分利用以及横隔板的传力效应,提出了大字形隔板式结合构造(图 1.10)。大字形隔板式结合构造通过让上弦梁、下弦拱汇合形成力线平顺的 A 形隔板式结构,再将板式结构与横隔板相交达到共同传力的效果。

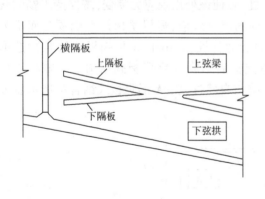

图 1.9 X 形隔板式结合构造示意图

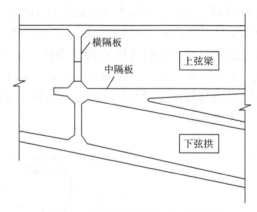

图 1.10 大字形隔板式结合构造示意图

大字形隔板式结合构造沿用了 A 形隔板式结合构造的中隔板设计,既保持了流畅的线形以保证传力的平顺过渡,又保证了拱结构与连续梁结构的组合受力的优势。该构造横隔板与中隔板刚性交汇,能有效利用横隔板传递中隔板上交汇产生的内力,保证结构安全。

1.4 梁拱组合连续刚构桥的特点

鉴于梁拱组合连续刚构桥结构优势,结合重庆礼嘉嘉陵江大桥建设需要,开展了梁拱组合连续刚构桥结构理论、设计方法、施工技术等研究,设计建成了主跨245m的梁拱组合连续刚构桥——重庆礼嘉嘉陵江大桥。

通过研究与实践可见,梁拱组合连续刚构桥是在常规连续刚构桥、空腹式连续刚构桥基础上的新改型桥梁。常规连续刚构桥在主跨跨径超过200m后,由于主梁梁高较大导致恒载过大,因此经济指标设计不合理,同时连续刚构桥跨中下挠及腹板开裂等典型缺陷比较凸显。

相比同等跨径的变截面连续刚构桥,梁拱组合连续刚构桥充分发挥拱、梁共同作用,充分融合梁桥"受弯"与拱桥"受压"的优点,使得梁内传力路径更明确;运用下弦拱受压的特性,改善墩顶腹板区由于应力复杂、主应力较大而裂缝丛生的状况,避免连续刚构桥长期运营后存在的跨中下挠、腹板开裂病害;采用"无推力-自平衡"的组合受力体系设计,降低了对桥岸地基承载力的要求,扩大了拱桥的使用范围。去掉变截面混凝土连续刚构腹板低应力部分,减轻结构自重,结构受力得以优化,从而提高其跨越能力,使其具有很大的经济效益优势。

梁拱组合连续刚构桥施工过程融合梁桥、悬浇拱桥、矮塔斜拉桥施工工艺于一身,需经历多次体系转换;在桥梁施工过程中运用上弦箱梁与下弦拱梁同步斜拉扣挂施工工艺,此新型组合结构体系具有"施工状态变化大、体系转换多、施工工艺复杂、施工控制要求高"等难点。

梁拱组合连续刚构桥既有连续梁桥的简洁,又具有拱弧线的美感,桥下结构通透,形态自然过渡于山水之境,形似展翅飞燕,造型简洁,线条流畅,富于动态美感。此桥梁结构形式适用性广,外形美观,更适合城区。

梁拱组合连续刚构桥这种新桥型将极大促进我国新型大跨径轻型混凝土梁建设发展,填补主跨在250~350m之间的轻型混凝土桥梁形式的空白。

第2章
梁拱组合连续刚构桥设计理论与方法

2.1 刚构桥结构体系演变

刚构桥系指墩、梁固结的梁式桥。由于墩、梁固结,刚构桥梁和桥墩整体受力,桥墩不仅承受梁上荷载引起的竖向压力,还承担弯矩和水平推力。因墩、梁固结省去了梁体与桥墩间的支座构造,结构整体性强、抗震性能好。因此,预应力混凝土刚构桥被广泛采用。

2.1.1 T形刚构桥

T形刚构桥由与桥墩固结并向两边延伸的悬臂梁和桥墩构成,因其形如英文字母"T"而得名。这种桥型最适合对称平衡悬臂施工,无须采用庞大支架建造大跨径混凝土桥梁。T形刚构桥T字的两个伸臂间设置简支挂梁时,为静定结构体系;T字的两个伸臂也可通过剪力铰连接。T形刚构桥可以由多个T构成,也可以是单T结构,如图2.1所示。

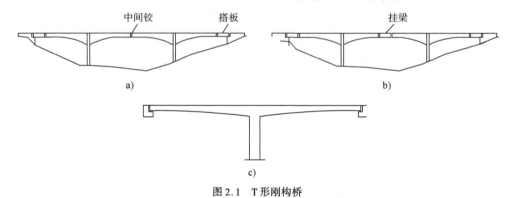

图2.1 T形刚构桥

源于预应力技术的发展,1950年,联邦德国初次采用悬臂施工法建造兰河桥,并在1953—1954年间建成涅尔姆斯(Worms)和科别麦茨(Koblenz)两座大跨径T形刚构桥,这是预应力混凝土最开始用于建筑大跨径桥梁。中国自20世纪60年代开始规划T形刚构桥,1965年建成江苏盐河T形刚构试验桥,拉开了悬臂施工的帷幕,随即,悬臂施工的大跨径T形刚构桥在中国被广泛采用,1980年建成的主跨174m重庆长江大桥至今仍为世界最大跨径T形刚构桥。

从受力角度看,T形刚构桥上部结构为悬臂体系,主要承受负弯矩,比较适合预应力钢束的布置,铰的作用主要是满足T形刚构水平变形的需要,同时限制其竖向位移,即相邻的T形刚构可以传递剪力,使得相邻T形刚构可共同分担竖向力,降低内力水平。

在工程实际中,悬臂施工T形刚构往往存在时间上先后顺序的差别,这样在相邻T形刚构悬臂端处的挠度变化就不一致,通常需要强迫变形进行铰的安装,往往会在铰内产生附加内力。同时,在混凝土收缩徐变、温度、不均匀沉降等荷载作用下,结构会产生次内力,导致连接处发生大小不同的垂直方向位移而形成桥面的弯折,车辆经过时会产生跳跃,影响行车舒适度,尤其是多跨桥梁有很多铰的情况下,会使路面在纵向上呈现波浪形变形,影响桥梁的美观和耐久度。此外,车辆对铰的冲击作用使其容易损坏,对铰的设计和施工提出了严格的要求。

针对带铰的T形刚构桥存在的问题,出现了在T形刚构悬臂之间设置简支挂梁的构造方式。采用简支挂梁具有诸多优势,首先,由于增设了挂梁,T形刚构的悬臂长度和重量大幅减小,恒载下的内力弯矩,特别是桥墩固结处负弯矩明显降低;其次,T形刚构长度的减小改善了徐变对混凝土结构的影响;再者,吊梁的设置在一定程度上缓和了铰所带来的桥面纵向弯折变形,提高了行车的舒适度。如主跨174m的重庆长江大桥挂梁长35m。

虽然T形刚构桥结构为静定或超静定次数低,分析较简单,受力更明确,但因每跨间均存在1道铰缝或2道伸缩缝,对行车舒适度不利,且结构整体刚度偏低,目前已不再使用。

2.1.2 连续刚构桥

为解决T形刚构桥存在的问题,需要改进其结构构造。随着结构分析手段的进步,通过将T形刚构桥主梁跨中铰接或跨间挂梁与主梁的简支连接改为刚接形成连续刚构桥。也就是说连续刚构桥就是一种联端简支、联中墩梁固结的连续结构桥梁,如图2.2所示。

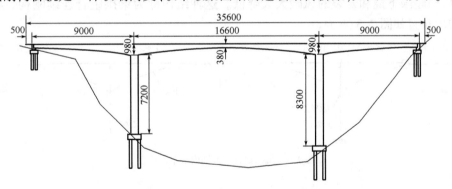

图2.2 连续刚构桥(尺寸单位:cm)

连续刚构是将T形刚构粗厚桥墩减薄,形成柔性桥墩,使墩梁固结、主梁连续形成连续刚构桥,是T形刚构与连续梁结合的一种新型体系。连续刚构桥由于墩身与主梁刚接,结构在荷载作用下主梁受力更加合理,墩身结构潜能得到充分发挥。目前,连续刚构桥已成为100~250m大跨径桥梁的首选桥型,具有如下特点:

(1)主梁连续、墩梁固结,既保持了连续梁无伸缩缝、行车平顺的优点,又保持了T形刚构不设支座、无须体系转换的优点,方便施工,且很大的顺桥向抗弯刚度和横桥向抗扭刚度能很好地满足较大跨径的受力要求。

（2）柔性桥墩可以适应结构由预加力、混凝土收缩徐变和温度变化引起的纵向位移，为减小水平位移在墩中产生的弯矩，连续刚构桥常采用水平抗推刚度较小的高墩和双薄壁墩。当跨越山沟、河谷地形时，可采用单薄壁柔性高墩连续刚构体系；当跨径较大而墩的高度不大时，为增加墩的柔性，常采用双薄壁墩，此外，双薄壁墩还具有削减墩顶负弯矩峰值的作用。

（3）梁的内力分布更加合理。在墩的刚度合适的情况下，能够有效地减小主梁内的弯矩，有利于增大跨径。同连续梁比较，在活载作用下，连续刚构的正弯矩比连续梁的小，两者负弯矩较接近；在恒载作用下，两者的弯矩也比较接近。墩梁固结节省了大型支座的高昂费用，减少了墩及基础的工程量，并改善了结构在水平荷载（例如地震荷载）作用下的受力性能，即各柔性墩按刚度比分配水平力。

（4）跨径在200~300m范围内，连续梁桥在跨越能力方面、拱桥在施工简易方面以及斜拉桥和悬索桥在经济指标方面都明显不如连续刚构桥。因此，尽管连续刚构桥起步较晚，却得到了较快的发展。主跨在200~300m范围内桥梁几乎被连续刚构桥垄断。可以说，连续刚构桥的出现，不仅增加了桥梁家族的成员，还是科技进步的体现。

（5）上部结构形式有利于悬臂施工，悬臂施工适合于梁的上翼缘承受拉应力的桥梁形式，因为悬臂施工的受力与桥梁建成后受力较接近。一般采用平衡悬臂浇筑施工。

2.1.3 梁拱组合连续刚构桥

为了使连续刚构桥能够适应更大跨径桥梁建设需要，并进一步降低恒载，将主梁根部梁高较大区段单箱结构由实腹式改为空腹式，即主梁根部由上弦箱梁与下弦箱结构形成三角区，这种形式称为空腹式连续刚构。当主梁根部三角区在纵桥向与竖向范围超过一定范围后，结构的拱-梁效应得以显现，加之跨内三角区之间的常规主梁范围减小，避免了大尺寸箱梁结构，所以，主梁后期超限下挠和开裂的风险大大降低。这种结构称为梁拱组合连续刚构。梁拱组合连续刚构桥布置如图2.3所示。

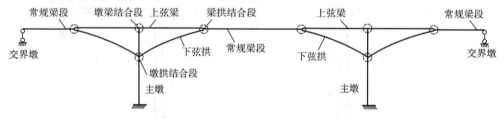

图2.3 梁拱组合连续刚构桥布置示意

2.2 梁拱组合连续刚构桥的提出

2.2.1 梁拱组合体系桥

梁和拱两种基本承重结构的组合即为梁拱组合体系。单一结构中，在竖向力作用下，梁受弯,拱受压,梁拱组合体系则由二者共同承担。其中,梁直接承担活载并承担较大拉力,拱充分发挥其刚度大、承载力高的优点,进一步提高结构的承载能力和材料利用率,并优化结构的受力性能。梁拱组合体系中拱的推力可以由主梁中的预应力抵抗。两种结构各自发挥其优点,并弥补彼此的不足。经实践总结,梁拱组合体系桥梁的优点有:

(1) 拱脚的水平推力由梁承担,结构对地基要求降低。
(2) 拱的刚度较大,可以提高结构的整体刚度。
(3) 两种结构互补,受力合理,提高了材料的利用率和结构的跨度。
(4) 结构造型能满足人们对桥梁美学的要求。

按拱肋和主梁相对刚度的大小,梁拱组合体系可以分为柔拱刚梁结构、刚拱柔梁结构和刚拱刚梁结构。

柔拱刚梁结构:当梁的抗弯刚度远大于拱的抗弯刚度时,可认为在荷载作用下,拱仅承担轴力,不分配弯矩。柔拱刚梁结构具有如下特点:不会发生面内"S"形变形,刚性系杆与横撑、吊杆可以组成较大刚度的框架结构;内力分配均匀。在适用跨度内,拱具有充分的稳定性。

刚拱柔梁结构:刚拱柔梁结构拱肋的抗弯刚度远大于梁的抗弯刚度。此时,梁承受的弯矩可以被忽略,只承受拉力,可近似考虑为结构弯矩全部由拱肋承担。

刚拱刚梁结构:其特点介于柔拱刚梁结构和刚拱柔梁结构之间。因为其刚度较大,这种体系主要在桥梁设计荷载较大时采用。

2.2.2 刚构拱组合体系桥

刚构拱组合体系桥由于结构受力和桥梁美学上的优势,近年来逐渐得到采用,主要分为两类:连续刚构拱组合体系桥、V形刚构拱组合体系桥。刚构拱组合体系无疑是目前非常新颖且极具特色和发展前途的桥梁结构形式。

连续刚构拱组合体系桥,从结构受力来看,梁体自重主要由梁承担,二期恒载和活载由梁、拱共同承担,各自受力的大小受梁、拱刚度和柔性吊杆面积大小的影响。荷载在梁、拱中产生的内力大部分转化为它们所形成自平衡体系的相互作用力。拱的水平推力与梁的轴向拉力相互作用,梁拱截面的总弯矩效应主要表现为拱受压、梁受拉;跨中剪力主要由拱压力的竖向分力平衡,大部分外部永久荷载不产生对桥墩的水平推力。

V形刚构拱组合体系桥是利用V形刚构的主跨斜腿与拱座连接形成的组合桥式结构。V形刚构拱组合桥包含主拱肋、吊杆、主梁和主桥墩,主拱肋与主梁之间用吊杆连接,其特征是所述主梁通过V形刚构件与主桥墩刚性连接,所述主拱肋两端与主梁及V形刚构件上端刚性连接。该结构是以V形刚构受力为主,辅以拱结构受力的组合结构体系,把V形刚构舒展的造型与拱桥流畅的造型和推力平衡的受力特点结合起来,使V形刚构与拱的优点得以充分发挥,使其具有良好的受力性能、合理的技术经济指标、优美的景观效果。

2.2.3 梁拱组合刚构体系桥

梁拱组合大跨度桥梁最初多采用中承式系杆拱桥,后来将中承桥面下部的拱肋部分设计成预应力混凝土刚架的形式,并且不再设置刚架上部的立柱支撑桥面结构,从而设计出一种预应力混凝土刚构体系与柔性拱肋刚性连接的组合体系桥梁。这种桥梁往往采用柔性拱加劲主梁,支点处采用刚构支撑。

当主梁刚度已经足够时,柔性拱的加劲作用减弱,此时可去掉拱结构,形成连续刚构体系。同样,这种结构也可以视为,在传统刚构桥基础上挖空墩顶附近腹板,形成空腹式连续刚构桥,即梁拱组合刚构体系桥。

这种结构能够加大箱梁根部高度,提高结构抗力。既不显著增大主梁重量,又能够大大提高主梁刚度,有利于缓解跨中下挠问题。梁拱组合刚构体系演变形成过程示意如图2.4所示。

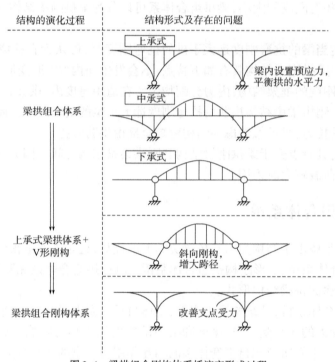

图2.4 梁拱组合刚构体系桥演变形成过程

2.3 梁拱组合刚构体系桥拓扑演化分析

结构拓扑优化是结构优化的重要分支,通过分析过程中不断修改最初模型中指定优化区域的单元材料性质,有效地从分析模型中移走或增加单元,从而获得最优设计目标。移动可变形组件法(moving morphable components,MMC)是一种针对连续体结构在有限元连续单元数较庞大下的一种拓扑优化算法。它的基本思想是利用有限元技术为平台,从一个包含所有可能最优解的初始设计域开始,通过从离散单元中不断删除对刚度贡献最小的单元(以应变能灵敏度作为删除准则),结构中的荷载传递方式逐渐由剩余单元表示,通过不断迭代计算,使结构性能指标逐渐趋于最优。通过结构的最优拓扑,可以研究结构受力状态下其内部力的传递方向,为结构设计提供理论指导。

2.3.1 结构拓扑分析模型

MMC法应用于寻找梁拱组合刚构体系桥梁不同边界和荷载条件下的最优拓扑解时,其初始有限元分析模型看作均匀材质(不区分混凝土单元和钢筋单元),同时假设满足实际情况的弹性模量与泊松比。根据模型中各部分拉杆和压杆受力情况,分析结构内部力学简化模型。

研究中采用通用有限元软件 Abaqus 提供的通用拓扑优化算法(即 MMC 法),该算法在满足目标函数和约束前提下使得密度及刚度较好地匹配设计变量。通用拓扑优化算法可以使用一个目标函数和多个约束条件,其中约束条件都是不等式约束条件。各种设计响应可用于定义目标和约束条件,如应变能、位移和转动、反力和内力、本征频率、材料体积和重量。基于条件的拓扑优化算法效率更高。

建立起针对梁拱组合连续刚构桥的拓扑优化分析模型,如图 2.5 所示。建立二维平面模型,并将近桥墩加腋区域定义为拓扑计算区域。在不增大跨中挠度的情况下,对桥墩附近梁根部拓扑区域进行计算分析,寻求桥墩根部合理构造。

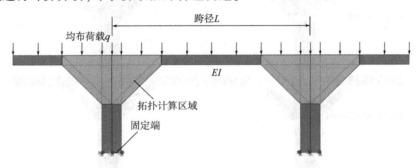

图 2.5 梁拱组合连续刚构体系桥拓扑模型

2.3.2 结构拓扑分析结果

图 2.6 为均布荷载下梁拱组合刚构体系桥拓扑计算结果。随拓扑迭代计算的开展,桥墩根部主梁腹板区域不断减小,说明此处是结构优化的主要区间。

拓扑优化前,在均布线荷载 q 作用下,结构最大剪力位于桥墩根部,约为 $0.44qL$;最大弯矩为 $0.117qL^2$,为墩顶负弯矩。其应力分布示意显示,结构中主要受力点在变截面处,实腹 T 形刚构的腹板处仅有靠近顶板和底板处受力较大,而腹板大部分区域几乎不受力。正因如此,对结构开展拓扑优化计算时,腹板区间单元首先被考虑去除。

拓扑优化后,以去除拓扑区域 60% 且不降低跨中挠度为目标,基于最小应变能准则,迭代计算在相同工况下的内力如图 2.6 所示。与拓扑前相比,拓扑计算后得到的计算框架更符合力学概念。主梁的剪力因 T 形刚构节点空腹出现波动,分别为边跨、中跨的梁拱结合段处剪力接近 $0.24qL$、$-0.22qL$;主梁弯矩也出现多个峰值,最大弯矩位于边跨梁拱结合段处,约为 $0.076qL^2$;此时结构中最大剪力、最大弯矩、跨中最大弯矩分别为拓扑前的 0.73、0.65、0.73,这表明,拓扑后的结构受力更为合理。

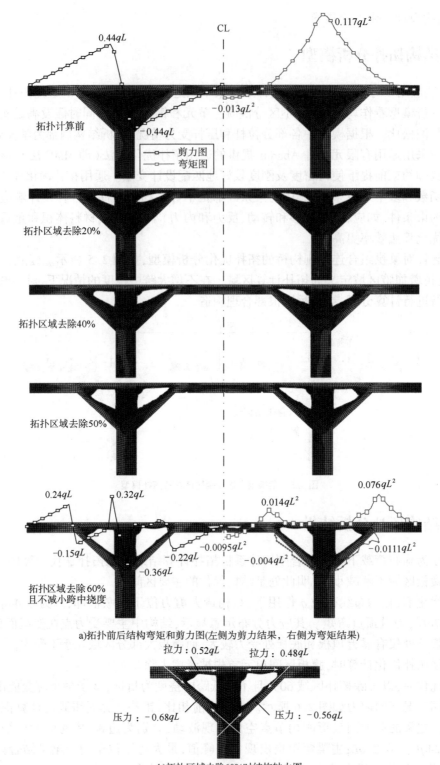

a) 拓扑前后结构弯矩和剪力图(左侧为剪力结果，右侧为弯矩结果)

b) 拓扑区域去除60%时结构轴力图

图2.6 均布荷载下梁拱组合刚构体系桥拓扑计算结果

拓扑优化后的结构中靠近桥墩根部处轴力在图 2.6 中给出，中跨段主梁受拉，拉力约为 $0.48qL$；斜腿受压，压力约为 $0.56qL$；二者形成力矩为结构受力提供抗力。这也进一步表明，不论实腹式、空腹式的连续刚构桥，其根部的弯矩主要由受拉上翼缘和受压下翼缘共同提供。相比之下，腹板的受力较小，却产生了较大自重荷载，这也为梁拱组合刚构桥的出现提供了理论依据。

图 2.7 为自重荷载下梁拱组合刚构体系桥拓扑计算结果。随拓扑迭代计算的开展，桥墩根部主梁腹板区域不断减小，与均布荷载相近，此处是结构优化的主要区间。

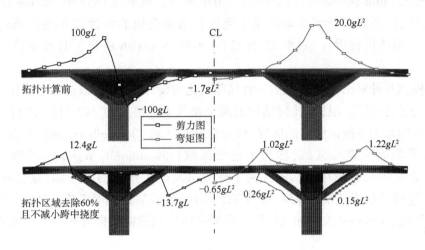

a)拓扑前后结构弯矩和剪力图(左侧为剪力结果，右侧为弯矩结果)

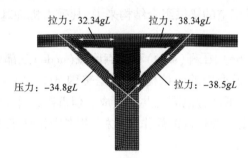

b)拓扑区域去除60%时结构轴力图

图 2.7　自重荷载下梁拱组合刚构体系桥拓扑计算结果

拓扑优化前，在自重荷载 g 作用下，结构最大剪力位于桥墩根部，约为 $100gL$；最大弯矩为 $20.0gL^2$，为墩顶负弯矩。其应力分布示意显示，结构中主要受力点在变截面处，实腹 T 形刚构的腹板处仅有靠近顶板和底板处受力较大，而腹板大部分区域几乎不受力。正因如此，对结构开展拓扑优化计算时，腹板区间单元首先被考虑去除。此外，优化前，根部剪力随桥墩根部变截面尺寸增加而不断增大，因此根部弯矩也迅速增大。

拓扑优化后，以去除拓扑区域60%且不降低跨中挠度为目标，基于最小应变能准则，迭代计算在相同工况下的轴力如图 2.7 所示。与拓扑前相比，挖空腹板后上弦梁处剪力明显降低，剪力最大为 $12.4gL$、$-13.7gL$，位置靠近主梁的结合段相交处；主梁弯矩也出现多个峰值，最大弯矩位于边跨梁拱结合段处,约为 $1.22gL^2$;此时结构中最大剪力、最大弯矩、跨中最大弯矩分别为拓扑前的 0.14、0.06、0.38,可见,挖空腹板能够极大地减小结构中主梁内弯矩,结构受力更偏向拱结构,这表明拓扑后的结构受力更为合理。

同样,结构中下弦拱的压力、上弦梁的拉力较大,结构优化后趋向于形成拉压杆模型。

2.3.3 拉压杆模型

拉压杆模型(strut-tie-model)的思想源于桁架模型。最早在 1857 年,Monier 使用箍筋来加固花盆之后,国外许多学者根据混凝土受压和钢筋受拉的特性简化组合成桁架模型来对钢筋混凝土构件进行设计,直至 20 世纪 80 年代,Schlaich 提出了具有现代真正意义的拉压杆模型。

拉压杆模型是针对结构中 D 区的一种局部简化的设计方法,所以在建立拉压杆模型之前首先要将结构进行分区。根据美国《结构混凝土建筑规范要求》(ACI 318—2011)中的规定,结构中符合弯曲理论平截面假定的区域,称为伯努利区域(Bernoulli region),简称 B 区;而结构中不符合平截面假定的区域,称为不连续区域(discontinuity region),简称为 D 区。D 区的这种不连续主要表现在结构的几何不连续以及荷载作用的不连续,这会导致 D 区的应力分布不连续。根据圣维南原理,应力在距离不连续位置近似等于构件高度处范围内接近线性分布。因此,D 区是从发生加载位置或几何特性变化的截面向外扩展一个截面高度的距离范围。

对于梁拱组合连续刚构桥来说,D 区主要存在于墩顶 0 号块附近、横隔板以及预应力钢筋的锚固区,特别是对于腹板挖空的梁拱组合结构来说,其受力机理基于连续刚构桥墩根部的合理受力分布形式。

拉压杆模型是由拉杆(tie)、压杆(strut)和节点区域(node)三部分共同组成。

其中,拉杆即在拉压杆模型中的受拉构件,根据美国 ACI 318—2011 规范中的定义,拉杆由配筋或预应力钢筋及其周围部分混凝土共同组成。但混凝土作为拉杆不承受拉杆方向的轴向荷载,若承受轴向荷载,则一般选取钢筋作为拉杆,若考虑拉杆承受侧向荷载,则需考虑混凝土的作用。

压杆即在拉压杆模型中的受压构件,由于混凝土的抗压强度高,在一般构造的拉压杆模型中,通常选取混凝土作为压杆,而在混凝土抗压强度无法达到要求时,也可将钢筋视为压杆的一部分。压杆一般分为棱柱形压杆、瓶形压杆、扇形压杆。根据美国 ACI 318—2011 规范,棱柱形压杆又可细分为等截面压杆和梯形压杆;压杆在设计时,通常被视为理想的等截面受压构件,即等截面压杆;若压杆两端的有效抗压强度不同,则压杆被视为均匀的梯形受压构件,即梯形压杆。瓶形压杆是指位于压杆中部的受压混凝土宽度可以向两侧扩展一部分的压杆,但为了简化设计,瓶形压杆通常会简化为等截面或梯形压杆。

根据美国 ACI 318—2011 规范中的说明,在拉压杆模型的节点中,拉杆、压杆以及作用在节点上的集中力相交的点被称为节点。ACI 318—2011 规范中关于节点区域的定义如下:在节点区域内,为了满足受力条件,至少应该有三个力作用在拉压杆模型的一点处。节点可以大致划分为 C-C-C、C-C-T、C-T-T、T-T-T 几种类型,其中 C 代表压杆,T 代表拉杆,如一个 C-C-T 节点需抵抗两个压力和一个拉力,以此类推。

基于拓扑受力分析,对刚构桥节点提出拉压杆模型,如图 2.8 所示。该模型也是结构优化后梁拱组合体系的受力模型。

对于梁拱结合段,由拓扑结果分析可知,腹板挖空后,上弦梁受拉力较大,承担剪力较小、弯矩较小;同样,受压下弦拱的压力较大,承担的剪力和弯矩也远比主梁小,因此采用拉压杆模型可以合理地进行结构设计;挖空腹板后,明显降低了主梁结构在自重荷载下的根部剪力、根部弯矩,改善了结构在自重作用下的受力。因此,结构中关键的梁拱结合段形成了 C-T-T 类型节点。其中跨中主梁为拉杆,但所承担的主拉力较小;腹板挖空后,靠近桥墩根部的上翼缘段变为主要受拉,设计结构中第二个拉杆时应配置较多预应力筋以保证轴力;结构中的压杆为腹板下翼缘斜向受压段,其受力类似拱结构,主要受力为偏心受压;实腹和空腹段相交处的弯矩、剪力均为结构中最大的区域,是重要受力区间。

因此,对于梁拱结合段中拉杆,其强度应满足:

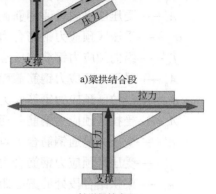

图 2.8 梁拱组合刚构体系拉压杆模型

$$\varphi F_{nt} \geq F_u \tag{2.1}$$

式中:F_u——作用于一个拉杆的力;
F_{nt}——拉杆标准强度;
φ——强度折减系数,可考虑取 0.75。

则拉杆标准强度可按下式计算:

$$F_{nt} = \eta_c^a f_c bh \tag{2.2}$$

式中:η_c^a——施加预应力后的强度因子;
f_c——混凝土标准抗压强度;
$b、h$——顶板的宽度和厚度。

对于梁拱结合段中的压杆,其强度应满足:

$$\varphi_c F_{nc} \geq C_u \tag{2.3}$$

式中:C_u——作用于一个压杆的力;
F_{nc}——压杆的标准强度;
φ_c——强度折减系数,根据不同的受力状态取不同的值。

由于空腹区下弦拱处于压弯受力状态,其受力满足下式:

$$F_{nc} \leq \alpha_1 f_c bx + f'_y A'_s + (\sigma_{p0} - f_{py}) A'_p - \sigma_p A_p \tag{2.4}$$

$$F_{nc} e_a \leq \alpha_1 f_c bx \left(h_0 - \frac{x}{2}\right) + f'_y A'_s (h_0 - a'_s) + (\sigma_{p0} - f_{py}) A'_p (h_0 - a'_p) \tag{2.5}$$

式中：α_1——弯矩影响系数，计算简支梁和连续梁近边支点梁段承载力时 α_1 取 1，计算简支梁和连续梁中间支点梁段承载力时 α_1 取 0.9；

f'_y——纵向普通钢筋抗压强度设计值；

A'_s——受压区纵向普通钢筋截面面积；

σ_{p0}——受压区预应力钢筋合力点处混凝土法向应力等于零时预应力钢筋的应力；

f_{py}——纵向预应力钢筋抗压强度设计值；

A'_p——受压区预应力钢筋截面面积；

σ_p——受拉区预应力钢筋应力；

A_p——受拉区预应力钢筋截面面积；

a'_s——受压区普通钢筋合力点至受压区边缘的距离；

a'_p——受压区预应力钢筋合力点至受压区边缘的距离；

e_a——梁拱结合段处的偏心距。

式（2.5）中考虑了梁拱结合段处的偏心距 e_a。如果考虑拱轴线对结构承载性能的影响，应进一步增加二阶效应对结构承载力的影响，并进行如下修正：

$$M = C_m \eta_{ns} M_2 \tag{2.6}$$

$$C_m = 0.7 + 0.3 \frac{M_1}{M_2} \tag{2.7}$$

$$\eta_{ns} = 1 + \frac{1}{1300 \times (M_2/F_{nc} + e_n)/h_0} \left(\frac{l_c}{h}\right)^2 \xi_c \tag{2.8}$$

式中：M_1、M_2——分别为已考虑侧移影响的偏心受压构件两端截面按结构弹性分析确定的对同一主轴的组合弯矩设计值，绝对值较大端为 M_2，绝对值较小端为 M_1，当构件按单曲率弯曲时，M_1/M_2 取正值，否则取负值；

F_{nc}——压杆的标准强度；

C_m——构件杆端截面偏心距调整系数；

η_{ns}——弯矩增大系数；

e_n——附加偏心弯矩；

h——截面高度；

h_0——截面有效高度；

l_c——构件计算长度；

ξ_c——曲率修正系数。

对于桥墩顶两侧为空腹结构的上弦梁，主要受拉，桥墩区域主要承压，因此，结构中桥墩顶形成了 C-T-T 类型节点。其中，两侧上弦梁承担拉力，同时也存在一定弯矩，桥墩墩顶位置的合理构造应保证结构不存在墩顶开裂并能平顺传力。

对于墩拱结合段，由拓扑结果分析可知，腹板挖空后，受压下弦拱的压力较大，承担的剪力和弯矩远比主梁低；桥墩主要承压，仅在主梁的跨中段与边跨段不均匀分布荷载时产生偏心弯矩，采用拉压杆模型可以合理地进行结构设计。因此，结构中关键的梁拱结合段形成了 C-C-C 类型节点。其中结构中的压杆为腹板下翼缘的斜向受压段，其受力类似拱结构，主要受力为偏心受压；两侧结构产生的水平推力应当均衡，从而保证结构的安全，此处也是该结构的重要受力区间。

梁拱结合段、墩梁结合段和墩拱结合段是梁拱组合结构的重要节点,其中梁拱结合段尤为重要。与实腹式连续刚构桥相比,梁拱组合刚构的腹板区域内部为大体积混凝土,经过拓扑得到梁拱组合刚构,因此,从结构受力的角度,梁拱组合更为合理。经过拓扑分析,结构中自然形成了拉压杆区域,梁拱组合刚构的上弦梁受拉、下弦拱受压,并因此形成了多个拉压杆局部设计区域。其中,主梁中部结合段区域的拉压杆区域最为明显,是结构的关键部位。

2.4 梁拱组合连续刚构桥力学分析

进一步比较各典型结构体系的弯矩及跨中位移,如图2.9所示。图2.9中 M_0、u_0 为均布荷载下图示高跨比T形刚构的支点负弯矩和跨中挠度,其中梁、柱的截面刚度相同。其余各结构体系均采用同尺寸高跨比、同主梁桥墩截面性质、同荷载条件下的计算结果。由于拱梁体系中内力分布受拱梁刚度比、立柱间距的影响,故图2.9中没有给出。比较可以发现,梁拱组合刚构体系可以明显降低结构跨中的正弯矩和墩顶的负弯矩。相较于T形刚构结构,支点负弯矩降低了86%,而跨中位移减小了97%。相较于连续刚构结构,设置斜腿刚构还可以改变结构中负弯矩最大的位置,跨中位移仅为连续刚构的1/10。

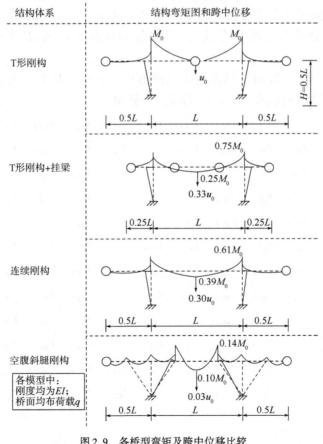

图2.9 各桥型弯矩及跨中位移比较

针对梁拱组合刚构体系开展结构力学推导。采用 Mathematica 开展结构力学理论分析，建立梁拱组合刚构半桥梁单元结构模型，如图 2.10 所示。图 2.10 中，L 为中跨跨径；H 为墩高，假定等于 $0.5L$；γ_1 为边中跨比；γ_2 为主梁内刚构段比例；γ_3 为矢跨比；γ_4 为上、下弦拱抗弯刚度比；$A_5 \sim A_8$ 为杆件轴向刚度。

模型主要考虑均布荷载 q 引起的结构响应，并考虑了主跨内各梁截面性质的不同。结构由 8 个梁单元组成，主跨跨中为 0 号杆，下弦拱为 7、8 号杆。假定结构受力处于弹性状态，采用位移法分析结构的受力，建立如下方程：

$$\boldsymbol{K} \cdot \boldsymbol{\Delta} = \boldsymbol{F} \quad (2.9)$$

其中 $\boldsymbol{K}$ 为刚度矩阵，各梁单元回转半径 i_m 与各根梁自身的弹性模量 E_m、截面惯性矩 I_m、梁长度 l_m 相关，模型中 5 ~ 8 号杆件考虑轴向刚度，而 0 ~ 4 号杆件不考虑；Δ 有 12 个自由度：Δ_0、Δ_1、Δ_2、Δ_3、Δ_4 分别为跨中、主梁变截面处、空腹区与实腹区相交处、墩顶支点、空腹区与边跨实腹区相交处竖向位移，φ_1、φ_2、φ_3、φ_4 分别为相应处的转角，Δ_5、Δ_6、φ_5 分别为下弦拱与桥墩相交处的水平、竖向位移和转角；$\boldsymbol{F}$ 为外力引起的弯矩或剪力。

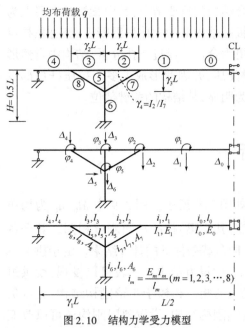

图 2.10 结构力学受力模型

位移法方程扩展如式(2.10)，该方程组以矩阵形式表示。其中 r_{ij} 表示 j 作用在 i 处产生的位移，Δ_{iF}、φ_{iM} 分别为外荷载在该处产生的反力和转角。

$$\begin{pmatrix} r_{11}, & r_{12}, & r_{13}, & r_{14}, & r_{15}, & r_{16}, & r_{17}, & r_{18}, & r_{19}, & r_{1A}, & r_{1B}, & r_{1C} \\ r_{21}, & r_{22}, & r_{23}, & r_{24}, & r_{25}, & r_{26}, & r_{27}, & r_{28}, & r_{29}, & r_{2A}, & r_{2B}, & r_{2C} \\ r_{31}, & r_{32}, & r_{33}, & r_{34}, & r_{35}, & r_{36}, & r_{37}, & r_{38}, & r_{39}, & r_{3A}, & r_{3B}, & r_{3C} \\ r_{41}, & r_{42}, & r_{43}, & r_{44}, & r_{45}, & r_{46}, & r_{47}, & r_{48}, & r_{49}, & r_{4A}, & r_{4B}, & r_{4C} \\ r_{51}, & r_{52}, & r_{53}, & r_{54}, & r_{55}, & r_{56}, & r_{57}, & r_{58}, & r_{59}, & r_{5A}, & r_{5B}, & r_{5C} \\ r_{61}, & r_{62}, & r_{63}, & r_{64}, & r_{65}, & r_{66}, & r_{67}, & r_{68}, & r_{69}, & r_{6A}, & r_{6B}, & r_{6C} \\ r_{71}, & r_{72}, & r_{73}, & r_{74}, & r_{75}, & r_{76}, & r_{77}, & r_{78}, & r_{79}, & r_{7A}, & r_{7B}, & r_{7C} \\ r_{81}, & r_{82}, & r_{83}, & r_{84}, & r_{85}, & r_{86}, & r_{87}, & r_{88}, & r_{89}, & r_{8A}, & r_{8B}, & r_{8C} \\ r_{91}, & r_{92}, & r_{93}, & r_{94}, & r_{95}, & r_{96}, & r_{97}, & r_{98}, & r_{99}, & r_{9A}, & r_{9B}, & r_{9C} \\ r_{A1}, & r_{A2}, & r_{A3}, & r_{A4}, & r_{A5}, & r_{A6}, & r_{A7}, & r_{A8}, & r_{A9}, & r_{AA}, & r_{AB}, & r_{AC} \\ r_{B1}, & r_{B2}, & r_{B3}, & r_{B4}, & r_{B5}, & r_{B6}, & r_{B7}, & r_{B8}, & r_{B9}, & r_{BA}, & r_{BB}, & r_{BC} \\ r_{C1}, & r_{C2}, & r_{C3}, & r_{C4}, & r_{C5}, & r_{C6}, & r_{C7}, & r_{C8}, & r_{C9}, & r_{CA}, & r_{CB}, & r_{CC} \end{pmatrix} \begin{pmatrix} \Delta_0 \\ \varphi_1 \\ \Delta_1 \\ \varphi_2 \\ \Delta_2 \\ \varphi_3 \\ \Delta_3 \\ \varphi_4 \\ \Delta_4 \\ \varphi_5 \\ \Delta_5 \\ \Delta_6 \end{pmatrix} - \begin{pmatrix} \Delta_{0F} \\ \varphi_{1M} \\ \Delta_{1F} \\ \varphi_{2M} \\ \Delta_{2F} \\ \varphi_{3M} \\ \Delta_{3F} \\ \varphi_{4M} \\ \Delta_{4F} \\ \varphi_{5M} \\ \Delta_{5F} \\ \Delta_{6F} \end{pmatrix} = 0$$

(2.10)

各边界处的力如下式：

$$\begin{cases} \Delta_{0F} = -\dfrac{ql_0}{2}; \varphi_{1M} = -\dfrac{ql_0^2}{12} + \dfrac{ql_1^2}{12}; \Delta_{1F} = -\dfrac{ql_0}{2} - \dfrac{ql_1}{2} \\ \varphi_{2M} = -\dfrac{ql_1^2}{12} + \dfrac{ql_2^2}{12}; \Delta_{2F} = -\dfrac{ql_1}{2} - \dfrac{ql_2}{2} \\ \varphi_{3M} = -\dfrac{ql_2^2}{12} + \dfrac{ql_3^2}{12}; \Delta_{3F} = -\dfrac{ql_2}{2} - \dfrac{ql_3}{2} \\ \varphi_{4M} = -\dfrac{ql_3^2}{12} + \dfrac{ql_4^2}{8}; \Delta_{4F} = -\dfrac{ql_3}{2} - \dfrac{5ql_4}{8} \\ \varphi_{5M} = 0; \Delta_{5F} = \Delta_{6F} = 0 \end{cases} \quad (2.11)$$

解方程组便可得 Δ_0、Δ_1、Δ_2、Δ_3、Δ_4、Δ_5、Δ_6、φ_1、φ_2、φ_3、φ_4、φ_5。

进一步计算得到关键位移和关键内力。如图 2.11 所示，粗线为关键杆件的弯矩图，其中 M_1、M_2、M_5 分别为跨中正弯矩、空腹区与实腹区相交点负弯矩、墩顶负弯矩；F、M_4 分别为空腹区与实腹区相交点处下弦拱的轴力、弯矩，$M_3 = M_2 - M_4$；u_1、u_2 分别为空腹区与实腹区相交点处的竖向位移。

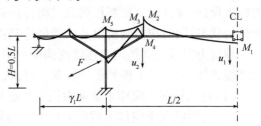

图 2.11 关键位移、弯矩示意

$$\begin{cases} u_1 = \Delta_0 \\ u_2 = \Delta_1 \\ M_1 = \dfrac{6i_0}{l_0}\Delta_0 - 2i_0\varphi_1 - \dfrac{6i_0}{l_0}\Delta_1 - \dfrac{ql_0^2}{12} \\ M_2 = -2i_1\varphi_1 + \dfrac{6i_1}{l_1}\Delta_1 - 4i_1\varphi_2 - \dfrac{6i_1}{l_1}\Delta_2 + \dfrac{ql_0^2}{12} \\ M_3 = 4i_2\varphi_2 - \dfrac{6i_2}{l_2}\Delta_2 + 2i_2\varphi_3 + \dfrac{6i_2}{l_2}\Delta_3 + \dfrac{ql_0^2}{12} \\ M_4 = 4i_7\varphi_2 - \dfrac{6i_7}{l_7}\cos\theta_7\Delta_2 + 2i_7\varphi_5 + \dfrac{6i_7}{l_7}\sin\theta_7\Delta_5 + \dfrac{6i_7}{l_7}\cos\theta_7\Delta_6 + \dfrac{ql_0^2}{12} \\ M_5 = 2i_2\varphi_3 + \dfrac{6i_2}{l_2}\Delta_3 - 4i_2\varphi_4 - \dfrac{6i_2}{l_2}\Delta_4 + \dfrac{ql_0^2}{12} \\ F = \dfrac{EA_7}{l_7}\sin\theta_7\Delta_2 + \dfrac{EA_7}{l_7}\cos\theta_7\Delta_5 - \dfrac{EA_7}{l_7}\sin\theta_7\Delta_6 \end{cases} \quad (2.12)$$

2.5 结构设计总体要求

预应力混凝土梁拱组合连续刚构桥应按照安全、耐久、适用、环保、经济和美观的原则设计。

常规连续刚构桥跨越能力有限,材料利用率较低,当跨径大于 200m 时,跨中下挠、箱梁开裂等问题限制了连续刚构桥的跨越能力,梁拱组合连续刚构桥充分融合梁桥"受弯"与拱桥"受压"的优点,将梁桥的跨度发展到 350m,甚至达到 400m。

梁拱组合连续刚构桥的跨度不宜偏小。若跨度偏小,梁拱组合的优势发挥不出来,同时结构尺寸偏小难以满足施工操作空间要求,将增加施工成本和难度,因此梁拱组合连续刚构桥的合理跨度应按照 150~350m 控制。

预应力混凝土梁拱组合连续刚构桥上部结构按照受力需要应尽量采用高性能混凝土,混凝土强度等级应按不低于 C50 控制设计,梁拱三角区范围内的混凝土可适当采用钢纤维混凝土以增强抗裂性能,必要时还应考虑新技术、新材料和新工艺的应用。

预应力混凝土梁拱组合连续刚构桥应进行承载能力极限状态和正常使用极限状态两类极限状态设计,设计时应控制桥梁及其构件达到最大承载能力或出现不适于继续承载的变形或变位的状态,同时应控制桥梁及其构件达到正常使用或耐久性的某项限值的状态。

预应力混凝土梁拱组合连续刚构桥应根据不同种类的作用及其对桥涵的影响、桥涵所处的环境条件,考虑以下四种设计状况,进行极限状态设计:

(1) 持久状况下应作承载能力极限状态和正常使用极限状态设计。
(2) 短暂状况下应作承载能力极限状态设计,可根据需要进行正常使用极限状态设计。
(3) 偶然状况下应作承载能力极限状态设计。
(4) 地震状况下应作承载能力极限状态设计。

预应力混凝土梁拱组合连续刚构桥除应进行极限状态设计外,还应进行稳定性、动力性分析,以及耐久性设计,考虑到梁和墩台身的施工为高空作业,梁和墩台的最外侧钢筋的混凝土保护层最小厚度应适当调高 10mm,承台和基础的钢筋保护层厚度满足相关规范即可;严寒和寒冷地区的潮湿环境,混凝土应满足抗冻要求,同时结构的设计应有利于排水、通风,避免水汽凝聚和有害物质积聚。

各梁段构件设计原则如下:在纵桥向,上弦梁、上弦梁与下弦拱汇合处的梁拱结合段、常规梁段按全预应力混凝土构件设计;在横桥向,上弦梁及上弦梁与下弦拱汇合处的梁拱结合段、常规梁段顶板按预应力混凝土 A 类构件设计。下弦拱按钢筋混凝土构件设计,并且按小偏心受压构件设计。主墩、承台、桩基础按钢筋混凝土构件设计。

2.6 结构计算原则及方法

梁拱组合连续刚构桥三角区范围的上弦梁为偏心受拉构件,下弦拱为小偏心受压构件,梁拱结合段为应力扰动区,应特殊设计;其他主梁是常规梁段,为受弯构件,设计过程中各构件均要进行持久状况承载能力极限状态计算、持久状况正常使用极限状态计算和持久状况与短暂状况构件的应力计算。

上弦梁承载力计算时,当轴向力作用在截面上缘钢束、钢筋合力点和下缘钢束、钢筋合力点之间时,上弦梁为小偏心受拉构件,且计算时不宜考虑普通钢筋,截面拉力均由纵向预应力钢束承担。

上弦梁承载力计算时,当轴向力作用在截面上缘钢束、钢筋合力点和下缘钢束、钢筋合力点之外时,上弦梁为大偏心受拉构件。对梁拱三角区上弦梁大偏心受拉构件进行承载能力计算时,可不考虑按正常使用极限状态计算可能增加的纵向受拉钢筋和按构造要求配置的纵向钢筋。

进行下弦拱的承载能力极限状态计算时,其安全等级按照一级设计。钢筋混凝土箱形主拱承载能力极限状态按照式(2.13)进行计算:

$$\gamma_0 S \leqslant R \tag{2.13}$$

式中:S——作用效应的组合设计值;
  R——构件承载力设计值;
  γ_0——桥梁结构的重要性系数或抗震调整系数,不计地震荷载时,该值为桥梁结构的重要性系数,取 $\gamma_0 = 1.1$,计入地震荷载时,该值为抗震调整系数,即取 $\gamma_0 = \gamma_e = 0.75$,当仅计算竖向地震作用时,抗震调整系数 $\gamma_0 = 1.0$。

下弦拱按照偏心受压构件计算时,其正截面承载力验算要考虑构件在弯矩作用平面内的挠曲对轴向力偏心距的影响,即将偏心距 e_0 乘偏心距增大系数 η,η 按照下式计算。

$$\eta = 1 + \frac{1}{1400\frac{e_0}{h_0}} \left(\frac{s_0}{h}\right)^2 \xi_1 \xi_2 \tag{2.14}$$

其中:

$$\xi_1 = 0.2 + 2.7\frac{e_0}{h} \leqslant 1.0 \tag{2.15}$$

$$\xi_2 = 1.15 - 0.01\frac{s_0}{h} \leqslant 1.0 \tag{2.16}$$

式中:η——偏心受压构件轴向力偏心距增大系数;
  s_0——主拱轴线的计算长度;
  e_0——轴向力对截面重心轴的偏心距;
  h_0——截面有效高度;
  h——截面高度;
  ξ_1——荷载偏心率对截面曲率的影响系数;
  ξ_2——构件长细比对截面曲率的影响系数。

进行正常使用极限状态的计算时,采用作用的短期效应组合、长期效应组合或短期效应组合并计入长期效应组合的影响。

主梁和下弦拱的变形应根据线弹性理论的方法计算。主梁在车道荷载(不计冲击力)作用下的最大竖向挠度(正负挠度绝对值之和)按照不大于 $L_0/2000$ 控制(L_0 为两主墩间距离,即计算跨径)。主梁和下弦拱的变形应根据线弹性理论的方法计算,主梁和下弦拱成桥时的恒载变形总量,根据拟定的成拱方法,由施工各阶段的恒载变形累积而成。主梁和下弦拱设置预拱度,计算预拱度值为主拱恒载累计变形、1/2 活载挠度与混凝土徐变挠度之和。

对预应力混凝土梁拱组合连续刚构桥各构件进行持久状况设计时,计算其使用阶段正截面的混凝土法向压应力、受拉区钢筋拉应力和斜截面的混凝土主压应力,并不得超过相关规范规定限值,计算时作用取其标准值,汽车荷载应考虑冲击作用。

预应力混凝土梁拱组合连续刚构桥各构件在进行短暂状况设计时,应计算其在制作、运输及安装等施工阶段,由自重、施工荷载等引起的正截面和斜截面的应力,并不得超过相关规范规定限值,施工荷载除有特别规定外均采用标准值,当有组合时不考虑荷载组合系数。当用起重机(车)行驶于桥梁进行安装时,应对已安装就位的构件进行验算,起重机(车)应乘1.15的分项系数,但当由起重机(车)产生的效应设计值小于按持久状况承载能力极限状态计算的作用效应设计值时,则可不必验算。

进行持久状况下主梁梁拱三角区段上弦梁及上弦梁与下弦拱汇合后的梁段正截面压应力计算时,要特别控制在最不利荷载标准值组合作用下的截面应力,其中正截面最大压应力不大于 $0.5f_{ck}$,最小压应力储备不小于 1MPa,其中,跨中下缘的最小压应力储备宜不小于 2.0MPa。

下弦拱在进行短暂状况设计时,要满足截面不出现拉应力、最大压应力不超过 $0.5f_{ck}$ 的要求,分析主梁跨中正应力储备时,建议充分考虑混凝土收缩徐变的影响,在计算中还应考虑箱形截面剪力滞的影响。

梁拱组合连续刚构桥全桥总体计算一般采用空间结构杆系有限元程序计算,局部受力复杂的构件应进行板壳或实体有限元专题计算分析。

采用桥梁纵向分析有限元模型进行整体计算时,一般进行结构简化处理,横隔板、预应力锚固齿块、检修孔、通风孔、泄水孔、通过孔、锚槽、封锚混凝土、伸缩缝槽口等构造细节一般忽略,不计入受力截面,该处截面用其附近截面代替,结构简化造成的结构恒载误差,采用永久作用的集中荷载进行模拟;箱梁顶板旋转成坡的,可将顶板绕外腹板旋转回水平状态进行检算,普通钢筋、预应力钢筋可按其平均高度计算,预应力钢筋应力可按其平均应力计算;简化时,应坚持结构实际状态比简化后状态偏于安全的原则。结构计算分析时,桥面铺装层不计入结构受力部分。

梁拱组合连续刚构桥有限元模型永久约束模拟如下:

(1)支座:支座纵向活动的,用一个竖直约束模拟;支座纵向固定的,用一个竖直约束加一个水平约束模拟。

(2)墩梁固结:一般将与箱梁固结的桥墩带入计算模型一并计算;桥墩与基础连接端,对不同基础形式,采用不同简化方法:

①采用低桩承台的,将桥墩基础端固结在承台顶计算。

②采用高桩承台的,应考虑一般冲刷、局部冲刷两种情况。

③对于桩基础采用摩擦桩或者桩基需穿过较厚覆土层的嵌岩桩,应考虑承台和桩土作用。桥梁下部结构桩基应按全长建立,土体对桩基的作用采用土弹簧约束模拟。

梁拱组合连续刚构桥有限元模型临时约束模拟如下:

(1)临时水平约束:箱梁在合龙前分为几个独立的结构体系,计算时需要为独立结构体系增加临时水平约束,使之为几何不变体系;应防止计算过程中独立结构体系属于几何可变体系。

(2)临时竖向约束：箱梁在施工时常采用支架或墩梁临时固结措施，计算时常采用临时竖直约束来模拟这种受力状态。对于支架约束，常采用单向受压竖直约束来模拟；对于墩梁临时固结，常采用双向受力竖直约束来模拟。

对梁拱组合连续刚构桥各阶段所形成的结构体系应进行内力、稳定和抗风性能分析，并应验算体系中构件的强度和刚度。

梁拱组合连续刚构桥应进行横向有限元分析，其结构简化原则如下：一般取控制截面附近单位宽度横向框架进行横向平面的杆系计算。桥面铺装层、防撞护栏等桥面设施无论是否与箱梁顶板固结，均不计入结构受力部分，而作为二期恒载计算。

横向有限元模型约束：在箱梁每条腹板中心线下端的箱底位置加一个竖向约束，另加一个水平约束保证结构体系属于几何不变体系。横向计算腹板配筋的1/2可兼作主梁抗剪或抗扭箍筋。

高而短的横隔梁有限元模型：一般只有两个支座，但支座离箱梁腹板较近，横梁一般不控制设计，故仅需按照深梁手动简化计算，按照深梁配筋设计即可。矮而长的横隔梁有限元模型：一般有两个或者两个以上的支座，支座位置离箱梁腹板较远且不规则，这需要将其简化为工字梁来进行计算。工字梁的荷载主要为腹板传来的集中力和汽车轮载。

永久作用内力的计算应计入施工规范允许误差对结构内力的影响，同时考虑此部分误差引起的收缩徐变内力的变化，应按施工的步骤，逐步计算内力并累加，并计入收缩徐变影响，形成永久作用内力。不应按桥梁形成时的图式一次性地计算内力，以避免根部负弯矩偏小现象的产生。应模拟出实际结构可能出现的不利施工状态，例如对于悬臂施工的桥梁，应该模拟出该施工状态：该节段混凝土浇筑完毕，锚固于该节段的预应力钢筋尚未张拉，挂篮尚未前移，顶板混凝土无桥面铺装，受日照正温差或日照反温差的影响。

2.7 合理成桥目标状态

2.7.1 成桥状态与桥梁功能性分析

桥梁是实现跨越河流或障碍物的结构物，需要满足结构的安全性、适用性、经济性、美观性、耐久性等要求。在进行桥梁设计和建造过程中，通过控制其成桥状态的指标可以有效地实现以上目标，例如较早时期林同炎教授通过改进预应力设计方法实现了桥梁成桥时挠度的控制，保证了桥梁结构在成桥时具有更好的线形；后期刘钊教授通过增大成桥状态的预应力，不但抵消了恒载产生的弯曲效应，而且使其处于恰当的轴压和弯曲时具有更高的舒适性，并提高了桥梁的耐久性。可见，成桥状态指标的明确对优化桥梁设计和施工具有指导意义。在基于功能性的桥梁设计中，应该以合理的结构性能目标为指导，针对合适的设防措施进行结构设计，使结构在服役期内、不同作用下的破坏和损失都能满足经济效益的要求。

长期以来，广大学者对成桥状态的研究大多集中在斜拉桥、悬索桥和拱桥上，对梁桥或刚构桥的成桥状态的研究少之又少。针对梁桥的合理成桥状态，林同炎教授改进了预应力的设计方法:由于预应力结构除本身所受的力之外,还需承受预应力钢束作用在结构上的力,他提出采用荷载平衡的思想,利用预应力产生一种等效荷载,去平衡恒载和活载效应产生的荷载,这样在理论上可以使桥梁竣工后处于一种相对合理的状态之中。东南大学刘钊教授提出了预应力混凝土梁桥的合理成桥状态:不管是成桥时还是运营期,梁桥的预应力应在抵消恒载产生的弯曲效应之后,使其处于恰当的轴压和弯曲状态,并能抑制桥梁在长期荷载下的变形。同时他也指出,预应力的配束设计应基于荷载效应平衡法。清华大学高政国教授推导了混凝土结构徐变应力分析的全量方法,此方法具有比传统方法更高的精度,能够更快、更准地完成混凝土徐变模型分析,也推进了时变效应对成桥状态的预估。

2.7.2 成桥状态影响因素分析

混凝土体内所含水分的变化、化学反应以及温度降低等因素引起其本身体积缩小的现象,统称为混凝土的收缩。通常情况下,这种现象与荷载并不呈现必然联系,仅仅依赖于时间。在混凝土处于自由状态时,收缩并不会引起什么不良后果,但是混凝土处于约束状态,也就是混凝土与周围部分共同工作时,它会受到收缩引起的拉应力。由于混凝土抗拉强度低,因此收缩容易导致混凝土裂缝,已发展的裂缝又反过来加剧混凝土的碳化与钢筋的锈蚀。

混凝土的徐变指在持续荷载作用下,结构的变形随时间不断增加的现象。徐变是一种非弹性变形,与荷载和时间有关,并且随着混凝土强度等级的增大,这种变形有减小趋势。在长期荷载作用下,水泥胶体孔隙中的水分从毛细管中蒸发,胶体缩小,导致徐变发生。徐变引起的应变可以达到弹性变形的 1.5~3 倍,所以在设计初期就应对收缩徐变给予重视。

混凝土收缩徐变除了导致预应力的损失外,还影响梁体结构和线形,对于成桥状态的影响主要体现在对结构持续性的作用上。根据相关研究,在钢筋混凝土建筑物的裂缝中,仅有约 25% 是由承受的荷载引起的,剩余 75% 主要是由材料的变形所引起,即温度、沉降、收缩等,且混凝土的收缩占据主要地位。

桥梁长期暴露于自然环境中,其结构状态必然受到自然界条件的作用,由于日照和气温变化的影响,桥梁结构不同位置的温度在不同时刻也有很大的差别。依据一天和一年中气温的变化,混凝土桥梁所受的温度作用分为日照温差荷载和年温温差荷载,同时还可能在强冷气流或寒洋流的作用下承受骤然降温温差荷载。就结构内部来说,由于混凝土是由集料和胶凝材料组成的混合物,不仅弹性模量等基本参数不同,各种材料在温度、湿度等外界条件变化下的特性也各不相同,因此无论从物理性质还是力学性质来看,混凝土都不是连续体,热传导性能差,热交换过程十分复杂。在自然环境中,混凝土表现出体系温差,即在同一气温下结构的不同位置的温度不同的现象。

混凝土温度效应引起的拉应力是造成桥梁开裂的重要原因,对于大跨度超静定结构体系,由温度荷载引起的自应力和次应力有时甚至比活载的结构应力还大,加上混凝土本身的抗拉强度较小,这种温度应力对结构开裂的威胁很大。

悬臂施工技术的发展,为连续梁桥的建设也提供了良好的条件。对于悬臂浇筑的混凝土连续梁桥来说,施工过程的合理性是保证其成桥状态与设计状态一致的关键,也是控制其内力和线形合理的必要手段。悬臂施工先对0号块施工,然后由支点向跨中浇筑直至合龙,不影响通航,因其施工方便、平稳性好,这种方法在跨度大于100m的连续梁桥施工中得到广泛运用。

在悬臂施工过程中需要对桥墩和主梁进行临时固结,后期涉及体系转换的过程,结构体系由两端悬臂的T形刚构变为连续梁。由于施工流程较多,荷载形式变化多样,故影响施工状态的因素也较为复杂,常见的因素有:结构参数、施工工艺、施工监测手段、温度变化、结构计算分析模型、施工管理方案。

2.7.3 合理成桥目标状态关键参数控制

成桥状态是指在设计基本参数和性能指标条件下,经过施工过程的实施,成桥后的受力状态以及结构的几何形状。为满足可靠度的要求,以结构的功能性、安全性与耐久性为指导,要求结构在使用期限内具有完成其预定功能的能力。要研究桥梁的成桥状态,应该从桥梁的设计计算理论入手,为了使桥梁在竣工时刻和运营期间各状态指标在可控的范围之内,必须一开始就对桥梁进行合理的成桥状态的设计。

梁拱组合连续刚构桥的设计流程主要包括:内力计算与组合、预应力设计、钢束布置等。梁拱组合连续刚构桥的内力、变形与施工过程密切相关,分阶段形成结构的恒载内力累积,而活载作用在最终结构上,每一施工阶段的内力都应求得,且均需验算施工安全度。同时,在梁拱组合连续刚构桥的施工过程中,从一个阶段到下一个阶段,结构的受力体系发生改变时,结构的体系、约束关系也随之发生变化。由于梁拱组合连续刚构桥是一种超静定结构,故由混凝土收缩徐变、温度等带来的次内力作用同样不可忽视。

梁拱组合连续刚构桥合理成桥目标状态主要体现在各构件内力合理成桥状态以及线形合理成桥状态,对合理成桥目标状态的控制主要是控制各构件成桥状态的内力、应力以及线形,即合理成桥目标状态控制为内力合理成桥目标状态控制、应力合理成桥目标状态控制、线形合理成桥目标状态控制以及成桥支反力控制;同时要保证施工过程中各构件的安全可靠性,要考虑运营状态活载、温度以及混凝土收缩徐变等作用对梁拱组合连续刚构桥成桥时受力和线形的影响。

梁拱组合连续刚构桥一般设计为预应力混凝土桥或钢混组合桥,其正常使用极限状态应按照强度准则控制,在预应力和使用荷载的共同作用下,桥梁的应力状态应该满足规定的条件,由于混凝土的受拉性能较差,因此横截面的上、下缘均要求不能产生拉应力,上、下缘的混凝土不应被压碎,且在成桥状态存在一定压力储备,能满足运营阶段活载、温度、收缩徐变等作用抵消的需要。

预拱度系为抵消梁、拱、桁架等结构在荷载作用下产生的挠度,在施工或制造时所预留的与位移方向相反的校正量。桥梁挠度产生的原因有永久作用挠度和可变荷载挠度。永久作用是恒久存在的,其产生挠度与持续时间相关,可分为短期挠度和长期挠度。永久作用挠度可通过施工时预设的反向挠度来抵消,使竣工后的桥梁达到设计要求的合理线形状态,永久作用产生的短期挠度累加校正值为施工预拱值,其中施工各阶段结构收缩、徐变变形增量应采用有限元方法并累加得到各个阶段结构各个部位的变形值中;可变作用下产生的挠度值的一半与永久作用中的收缩徐变长期作用下的挠度值之和一般作为设置成桥预拱度的依据。

梁拱组合连续刚构桥的主梁和下弦拱均应设置预拱度,主梁和下弦拱成桥时的恒载变形总量,应根据拟定的施工方法,由施工各阶段的恒载变形累积而成,计算预拱度值应为恒载累计变形、1/2活载挠度与混凝土徐变挠度之和。

重庆礼嘉嘉陵江大桥主梁成桥预拱度设置:1/2活载(汽车荷载+人群荷载)和收缩徐变(20年)的竖向挠度之和的相反校正值。

梁拱组合连续刚构桥在长期收缩徐变作用下会出现主梁跨中下挠、主墩墩顶向跨中侧偏位的病害,为保证运营阶段主墩尽量处于铅垂受力状态,跨中合龙前一般通过主梁跨中顶推处理,以保证主墩合理成桥受力状态。重庆礼嘉嘉陵江大桥合龙段顶推点布置示意见图2.12。顶推力及位移见表2.1、表2.2。

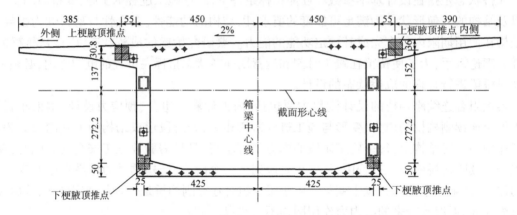

图2.12 重庆礼嘉嘉陵江大桥合龙段顶推点布置示意图(尺寸单位:cm)

重庆礼嘉嘉陵江大桥中跨跨中合龙段设计顶推力　　　　表2.1

顶推位置	单个顶推点的设计顶推力(kN)
上梗胺顶推点	653.2
下梗胺顶推点	346.8

重庆礼嘉嘉陵江大桥中跨跨中合龙段设计顶推位移　　　　表2.2

顶推位移测站点	向童家溪立交方向位移(mm)	向礼白立交方向位移(mm)	相对位移(mm)
P2桥墩墩顶	15.9	—	33.2
P3桥墩墩顶	—	17.3	
P2悬臂梁2P25′ -26′截面端部	16.2	—	34.3
P3悬臂梁3P25 -26′截面端部	—	18.1	

2.8 结构参数分析

2.8.1 梁拱组合连续刚构桥合理构造及设计参数

1. 设计计算参数

以 130m + 240m + 130m 梁拱组合连续刚构桥为例,分析模型如图 2.13 所示。

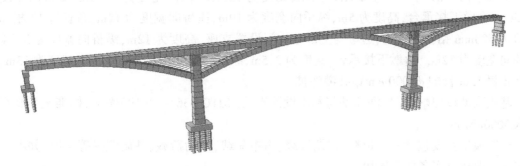

图 2.13 透视视角下的标准布置与构造的有限元模型

梁底采用二次抛物线形状,边跨与中跨的抛物线变高段长度均为 115m,空腹段的长度为 60m。中墩位置主梁上缘至主拱下缘的竖向距离为 30m,实腹段主梁在跨中位置的截面高度为 5m,主拱拱肋的截面高度为 5m,空腹段主梁的截面高度为 5.28~5.60m。

横断面方向,主梁桥面宽度为 16m,箱室直腹板布置,底缘宽度为 7.15m,悬臂宽度为 4.425m,悬臂高度为 0.20~0.85m。顶板厚度为 0.50~0.62m,底板厚度为 0.28~1.80m,腹板厚度为 0.50~1.20m;主拱宽度为 7.15m,壁厚为 0.60~0.80m。断面构造如图 2.14 所示。

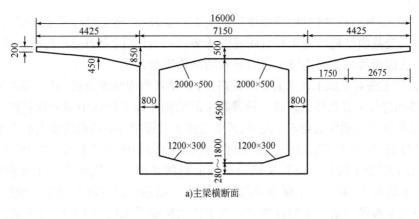

a) 主梁横断面

图 2.14

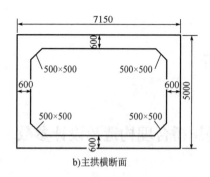

b)主拱横断面

图 2.14 主梁与主拱横断面标准布置(尺寸单位:mm)

下部结构方面,中墩与上部结构固结,高度为 70m,纵桥向宽度为 7~9m,横桥向宽度为 7.15m。中墩下接承台,高度为 5m,纵桥向宽度为 19m,横桥向宽度为 14m,布置有 12 根 20m 长的 $\phi2500$mm 钻孔灌注桩;边墩与上部结构间设置支座,高度为 12m,纵桥向宽度为 3~4m,横桥向宽度为 12m。边墩下接承台,高度为 2.5m,纵桥向宽度为 8.5m,横桥向宽度为 13m,布置有 6 根 12m 长的 $\phi2000$mm 钻孔灌注桩。

基础刚度按照《公路桥涵地基与基础设计规范》(JTG 3363—2019)考虑,标准土弹簧系数 m 取 5000kN/m^4。

计算模型主要包含一期恒载、二期恒载、均布荷载、移动荷载、基础沉降等工况,并参照工程实际情况建立了各施工阶段。

2. 施工阶段模拟方法

梁拱组合连续刚构桥具有上承式拱桥和连续刚构桥的受力和构造特点,因此适合采用平衡悬臂施工工法,但又与常规的悬臂施工工法有所不同。

常规的悬臂施工工法是指在中墩两侧设置可供操作的工作平台(对于设置支座的梁式桥梁需要设置临时固结),而后在保证梁端相对平衡的前提下,逐段向跨中方向悬臂浇筑或悬臂拼装,直至边中跨结构分别合龙。悬臂施工工法根据结构成形方式可分为悬臂浇筑工法和悬臂拼装工法。悬臂施工工法均可以分为挂篮、起重机及工作平台移位、施工梁段和张拉梁段预应力三个环节。

悬臂施工工法具有许多优点,需要使用的支架数量较少,施工过程几乎不影响桥下交通或桥下通航,并对变截面结构的施工具有明显的优势;施工过程的内力分布与墩顶承受负弯矩的结构十分接近,因而可减少因为施工过程导致的结构浪费。

但悬臂施工工法对于施工技术的要求较高,对于设置非固结支座的结构,还需要临时固结,同时解除固结的过程会导致体系转换。悬臂施工的结构在施工过程中需要设置挂篮和起重机,也会增加对结构强度和刚度的要求。此外,桥墩在施工过程中可能会承受很大的不平衡弯矩。

除了常规的悬臂施工工法以外,梁拱组合连续刚构桥的施工流程还需额外设置空腹段主梁和主拱圈的临时施工拉索。设置主拱圈拉索的目的是减小主拱圈在施工过程中的自重弯矩,进而减小不良应力;而由于主梁布置的预应力束可以保证其在施工过程中始终处于受压的状态,因此设置空腹段主梁拉索的目的主要在于优化桥面系结构内力的分布形式。

参考重庆礼嘉嘉陵江大桥所采用的施工工法,按照图 2.15 所示的流程进行施工。

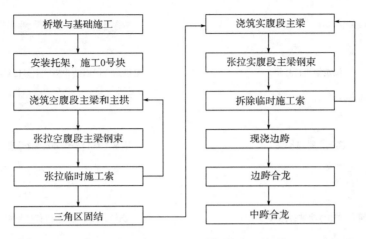

图 2.15 施工流程图

在拆除施工临时索的过程中,还需要按照内外侧拉索交替拆除的顺序进行,最终确定了有限元分析模拟的施工流程,如图 2.16 所示。

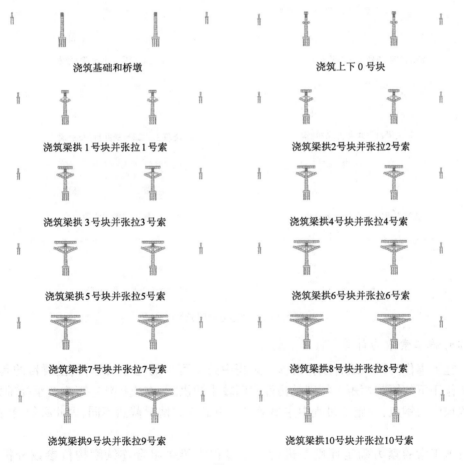

图 2.16

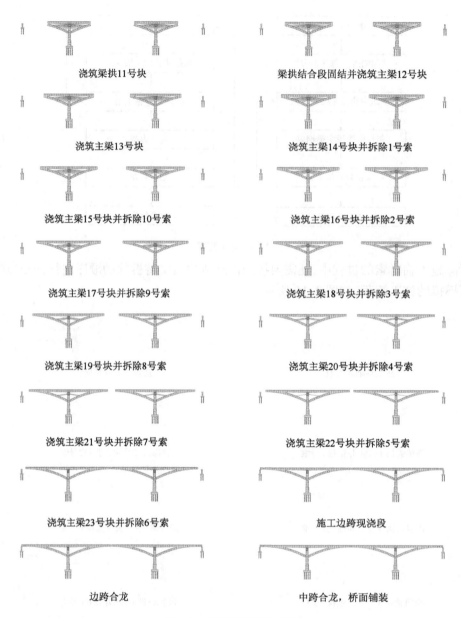

图 2.16 施工过程有限元模型

3. 临时施工索索力计算

临时施工索作为梁拱组合刚构桥施工过程中必不可少的施工措施,其主要目的是平衡结构在自重作用下的恒载弯矩。特别是构件截面较小的拱圈,在成桥状态下主要承受轴力作用,且不布置预应力钢束,与施工过程中主要承受弯矩的受力情况截然不同,因此必须设置临时施工索。

临时施工索的索力确定原则是进行施工过程中梁拱组合连续刚构桥参数分析的一大前提。

参考钢管混凝土拱桥的施工扣索的施工工法,通常情况下扣索索力的确定方法有零弯矩法、弹性支撑法、刚性支撑法、零位移法、定长扣索法、影响矩阵法等。各种方法的特点如下:

(1)零弯矩法计算过程简单,但需要通过调整扣点位置才能避免出现负索力的问题,且无法考虑节段在轴力作用下发生的切向位移。

(2)弹性支撑法或刚性支撑法是理想状况下较为合理的方法,且考虑因素较全,但计算量都极大,均需要求解高次超静定方程。同时弹性支撑法的支撑刚度难以准确模拟。

(3)零位移法的主要问题在于施工扣索倾角与理论计算值误差较大,因此实际施工中会产生较大误差。

(4)定长扣索法中计算预抬高量的过程比较复杂,难以实际应用。

(5)影响矩阵法包含刚性支撑连续梁法、内力平衡法、最小弯曲能量法、用索量最小法等。用这种方法求解索力,可选择的约束条件较多,但要求结构必须满足线弹性,无法考虑索的垂度效应、切向位移、收缩徐变等因素。

综合考虑求解准确性和实际操作性的需要,本章最终选择影响矩阵法中的弯矩平衡法作为索力确定方法。

采用这一方法计算临时施工索力的具体求解步骤如下:

(1)选择目标参数,建立受调向量(各扣点在梁拱结合段固结阶段的拱肋标准组合弯矩组成的向量)为 D,施调向量(各索力值组成的向量)为 x,与影响矩阵 A 的关系式为 $Ax = D$。

(2)根据目标参数和计算原则,建立目标函数,本章采用各扣点标准组合弯矩的平方和作为目标函数:

$$F = \sum_{i=1}^{N}(M_{Ci} - M_{Gi})^2 \qquad (2.17)$$

式中:M_{Ci}——临时施工索的索力对该扣点截面造成的弯矩;

M_{Gi}——自重作用下该扣点截面产生的弯矩。

M_{Ci} 计算如下:

$$M_{Ci} = \sum_{j=i}^{N} M_{Cij} = \sum_{j=i}^{N} F_{Cj}(\sin\theta_j s_{ij} + \cos\theta_j h_{ij}) \qquad (2.18)$$

式中:F_{Cj}——拉索 j 在梁拱结合段固结阶段的张拉索力;

θ_j——拉索 j 与水平向量的夹角;

s_{ij}——扣点 i 至扣点 j 的水平投影距离;

h_{ij}——扣点 i 至扣点 j 的竖直投影距离。

M_{Gi} 计算如下:

$$M_{Gi} = \sum_{j=i}^{N} M_{Gij} = \sum_{j=i}^{N} G_j d_{ij} \qquad (2.19)$$

式中:G_j——节段 j 的重力;

d_{ij}——扣点 i 至节段 j 重心的水平投影距离。

临时施工索对节段作用受力图式如图 2.17 所示。

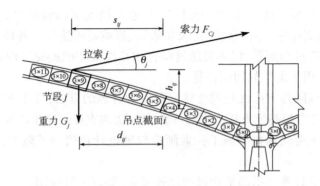

图 2.17 临时施工索对节段作用受力图式

确定目标函数后，即可确定影响矩阵。

（3）假设一组初设索力，由影响矩阵或有限元模型计算各吊点截面内力，同时计算目标函数，然后根据弯矩值对单根索力或多根索力进行调整。

由于每个扣点截面内力只受到该截面以外的节段重量和拉索索力影响，因此可从最靠近梁拱结合段的拉索开始，这里可以假设由梁拱结合段向中墩方向第二个扣点截面弯矩只受到单参数影响（第一个扣点截面只受到拉索外节段的重力影响，无法调整），由此便可以确定第一根索的索力。在计算第二根施工临时索索力时，可以认为已经计算过的第一个索力为固定边界条件，如此一来，第三个扣点截面也只受到第二根临时索的索力影响，同样为单参数问题，可以方便求解。以此类推，便可以计算出每根索的索力。

根据新的索力再通过影响矩阵或有限元模型计算各吊点截面内力，并重新计算目标函数，与原目标函数进行比较，当连续两次计算的目标函数差值小于预设的限值时，则认为迭代结束，最后一次计算中得到的索力即为所求解的目标索力。

借助编程手段将这一计算过程写入自动建模软件中，就可以快速、高效地建立大量包含施工阶段的有限元模型。

4. 预应力束布置原则

在确定了结构布置、构件尺寸、施工阶段的相关方法后，还有一个会明显影响结构内力分布且不能忽略的重要因素，即预应力束的布置。在确定预应力束的布置方法之前，首先需要大致明确梁拱组合连续刚构桥的钢束布置方案。

从重庆礼嘉嘉陵江大桥的施工图纸不难发现，梁拱组合连续刚构桥的预应力束同常规的悬浇梁钢束布置相似，主要包括顶板束、腹板束、底板束、横向预应力束、竖向预应力束和局部构造上的预应力束。

由于研究目的是分析梁拱组合连续刚构桥各项布置参数对结构整体受力的影响，作用于非主要受力方向的横向、竖向和局部预应力束不在本章的研究范围内，故不予考虑。另外，合理且对称地设置顶底板束的主要目的是克服混凝土结构抗压性强而抗拉能力差的材料特点，使构件处于近轴压状态，以储备足够的抗拉能力和抗裂能力，对于结构整体受力分布的影响也较小，故也不作为本章考虑的重点。与其他预应力束不同，腹板束设置有明显的竖曲线，会使构件承担明显的弯矩，这些弯矩通常与结构在荷载作用下的弯矩相反，对结构的受力有明显的影响，同样也是施工阶段的重要组成部分，在本章的计算过程中不能忽略。

综上,参数分析时考虑对结构中重要构件的弯矩有明显影响的钢束,而忽略以调整构件截面应力为主的预应力束。

在确定预应力束布置和计算方案之前,需要明确一个原则:与内力计算不同,对于任何结构或构件而言,都不存在唯一合理的钢束布置方案,而是同上一节提到施工临时索索力一样,以结构最终受力合理可行为目标,即存在一定的可行域。在该可行域内,结构受力存在一定的差异,但都满足相关规范要求。由于不同参数的梁拱组合连续刚构桥的预应力布置方案必然存在差别,并会对最后的计算结果造成影响,这一影响会对主要分析参数对结构的影响造成明显的干扰,因此必须确定一个约束性极强且十分明确的布置原则以降低对参数分析结论的影响。

为了明确原则,方便建模比较,本章采用与施工临时索索力确定方法相同的手段,以梁拱体系桥梁主要构件的关键截面内力作为目标函数,采用影响矩阵法中的弯矩平衡法,计算理论预应力张拉量。再考虑预应力损失,最终确定张拉量。

预应力束计算过程和原则同上一节临时施工索索力的计算原则相似,在这里列出预应力束布置和张拉量计算的流程,如图 2.18 所示。

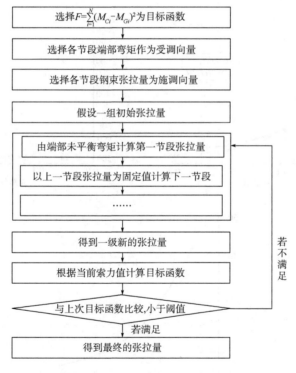

图 2.18 预应力钢束张拉量计算流程图

2.8.2 基于有限元的单变量参数分析

1. 矢跨比

矢跨比为墩顶空腹梁高(主梁上缘至主拱下缘的竖向距离)与中跨跨径之比。按照常规拱桥的设计经验来看,矢跨比是显著影响结构刚度、拱圈受力和水平推力的重要参数之一,因此本节也将重点研究这一参数对于梁拱组合连续刚构桥的影响,并由其关注对结构整体刚度的影响。

图 2.19 所示为结构关键位置的位移和内力在各工况下随矢跨比变化的曲线。

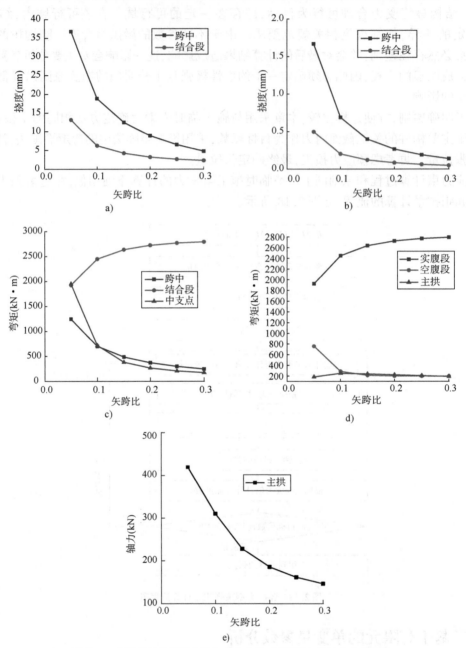

图 2.19　结构关键位置的位移和内力在各工况下随矢跨比变化的曲线

图 2.19a) 为移动荷载工况下跨中与梁拱结合段位置的主梁竖向挠度与矢跨比的关系曲线。随着矢跨比的增加,主梁刚度逐渐增大,挠度逐渐变小。但变化速度随矢跨比的

增加逐渐放缓。曲线存在斜率明显变化的折点,因此从工程实际的角度来看,当矢跨比小于 0.1 时,梁拱组合刚构桥的刚度过小。当矢跨比从 0.1 上升到 0.3 时,结构的跨中挠度缩小约 72%。

图 2.19b)为单位均布荷载工况下跨中与梁拱结合段位置的主梁竖向挠度与矢跨比的关系曲线。其所得结论与移动荷载工况接近,同样可以发现矢跨比小于 0.1 的桥梁整体刚度过小。而当矢跨比从 0.1 上升到 0.3 时,结构的跨中挠度缩小约 75%。

图 2.19c)为主梁弯矩与矢跨比的关系曲线。随着矢跨比的增加,主梁在中支点位置和跨中位置的弯矩逐渐减小;梁拱结合段位置的弯矩存在一定程度的增大。但主梁弯矩的变化幅度也主要集中在矢跨比小于 0.1 的情况下,说明当矢跨比小于 0.1 时,主拱对主梁的支撑作用不足。

图 2.19d)为连接梁拱结合段的三个构件(空腹段主梁、实腹段主梁与主拱)在该位置的弯矩随矢跨比的变化情况。结合上一条结论,发现随着矢跨比的增加,主拱对主梁的支承作用增加,但主拱依然以轴压为主,并不会增大拱肋所受到的弯矩。

图 2.19e)为主拱轴力与矢跨比的关系曲线。矢跨比越大,主拱轴力越小,变化趋势也逐步放缓。这一规律与常规拱桥的受力特点相似。

综上,适用的矢跨比不应小于 0.1,在条件允许的情况下,设置较大的矢跨比对结构受力有利,但考虑到桥下通航、造价、施工等因素后,矢跨比也不宜设置过大,通常为 0.15 ~ 0.2。

2. 空腹比

空腹比为三角区段长度(梁拱结合段至邻近中墩的水平距离)与中跨跨径之比。理论上,空腹比是受制于结构梁高和矢跨比的计算参数,不应作为独立参数进行考虑。但本节为了明确梁拱组合连续刚构桥空腹比这一对结构经济性有明确影响的指标对结构受力的影响,将暂时忽略结构几何上的制约关系,以达到独立分析其影响的目的。

图 2.20 所示为结构关键位置的位移和内力在各工况下随空腹比变化的曲线。

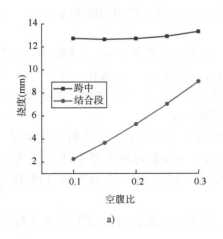 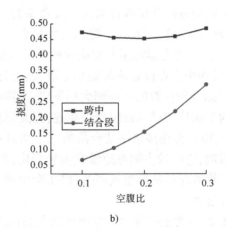

图 2.20

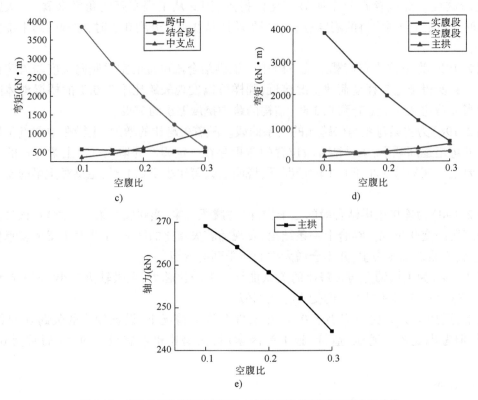

图 2.20 结构关键位置的位移和内力在各工况下随空腹比变化的曲线

图 2.20a)为移动荷载工况下跨中与梁拱结合段位置的主梁竖向挠度与空腹比的关系曲线。随着空腹比的增加,跨中挠度没有发生明显的变化,但梁拱结合段处挠度呈线性增加。梁拱结合段处挠度增加的主要原因是梁拱结合段构造的位置随空腹比的增加发生了明显的变化。

图 2.20b)为单位均布荷载工况下跨中与梁拱结合段位置的主梁竖向挠度与空腹比的关系曲线。随着空腹比的增加,跨中挠度先小幅下降,再小幅上升,升降幅度均小于 5%。而梁拱结合段处挠度同样呈线性增加。综合来看,空腹比的变化对结构刚度的影响较小,但考虑到梁拱结合段处挠度,不宜将空腹比设置过大。

图 2.20c)为主梁弯矩与空腹比的关系曲线。随着空腹比的增加,主梁跨中弯矩没有明显变化;主梁在中支点位置的弯矩小幅增大,上升幅度超过 100%(空腹比从 0.1 上升到 0.3,下同);梁拱结合段位置的弯矩则大幅下降,下降幅度约为 85%。这一规律说明拱圈对主梁的支承位置随空腹比的增加而向跨中靠拢,但支撑作用则逐步下降。

图 2.20d)为连接梁拱结合段的三个构件在该位置的弯矩随空腹比的变化情况。随着空腹比的增加,空腹段主梁弯矩没有明显变化,但实腹段主梁的弯矩明显下降,这主要是由实腹段主梁的等效跨径的缩短造成的;拱肋弯矩明显增大,说明主拱受力趋于不合理,因此空腹段长度不宜过大。

图 2.20e)为主拱轴力与空腹比的关系曲线。主拱轴力随空腹比的增加而逐渐降低,下降幅度约为 20%。

可见,空腹比的增加会对结构受力有一定程度的影响,但影响幅度不大,因此在保证三角区挠度的前提下，应适当增大结构的空腹比，以提高经济效益。但设计者必须考虑梁拱组合连续刚构桥在确定了跨径、矢高和各构件的截面高度以后，空腹比在构造上存在最大限值的问题。

3. 边中跨比

边中跨比为边跨跨径与中跨跨径之比。因为主跨跨径对结构受力影响较大，改变中跨跨径会导致计算结果与本节研究边中跨比的初衷不符，所以本节将通过改变边跨跨径来调整边中跨比。同时，考虑到边中跨比取较小值时，边跨跨径过小，影响边跨空腹段构造的布置。因此本节将中跨跨径调整到400m作为基数。

图2.21所示为结构关键位置的位移和内力在各工况下随边中跨比变化的曲线。

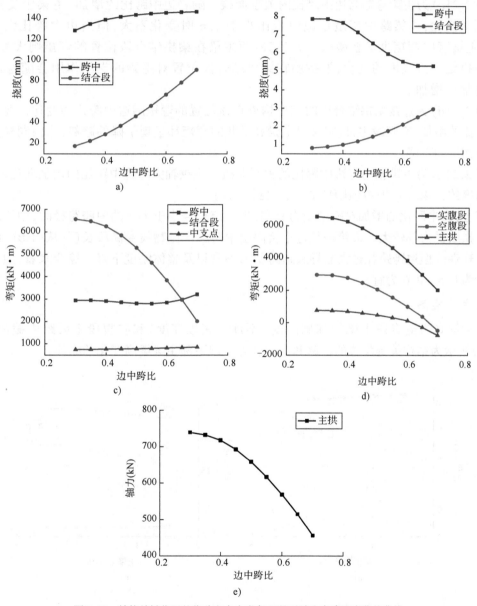

图2.21 结构关键位置的位移和内力在各工况下随边中跨比变化的曲线

图2.21a)为移动荷载工况下跨中与梁拱结合段位置的主梁竖向挠度与边中跨比的关系曲线。随着空腹比的增加,跨中挠度缓慢增加,但趋势放缓;梁拱结合段挠度则呈线性增加。出现这种的原因主要在于随着边跨跨径的增加,边跨刚度对中跨的约束作用降低,中跨不同位置的位移影响线呈现不同的增加趋势。

图2.21b)为单位均布荷载工况下跨中与梁拱结合段位置的主梁竖向挠度与边中跨比的关系曲线。随着边中跨比的增加,跨中挠度逐步减小,增速先增后减。但梁拱结合段挠度依然接近线性增加。跨中挠度的变化趋势与移动荷载工况不同,主要由于边跨影响线与中跨影响线取值相反。

图2.21c)为主梁弯矩与边中跨比的关系曲线。随着边中跨比的增加,主梁中支点弯矩没有明显变化;主梁跨中弯矩在边中跨比小于0.6时变化不大,但当边中跨比大于0.6以后,主梁跨中弯矩也呈轻微的上升趋势;而主梁在梁拱结合段位置的弯矩则大幅下降,结合梁拱结合段挠度的变化,说拱肋在梁拱结合段位置对主梁的支承作用会随着边中跨比的增加而增加。

图2.21d)为连接梁拱结合段的三个构件在该位置的弯矩随边中跨比的变化情况。随着边中跨比的增加,空腹段主梁、实腹段主梁和拱肋的弯矩都呈现下降的趋势,原因同样是拱圈的支承作用的下降。

图2.21e)为主拱轴力与边中跨比的关系曲线。主拱轴力随边中跨比的增加而逐渐降低,下降幅度约为40%(边中跨比从30%增加到70%)。

综上,边中跨比的增加对跨中受力有利,当边跨跨径小于1/2的中跨跨径时,中跨结构的主梁和拱肋受力都较大。边跨跨径过小会限制中跨二次抛物线变高段长度,从而影响结构受力的合理性。但边跨跨径过大会导致边跨受力不利以及整体刚度下降。综合来看,边中跨比以设置为0.5~0.6为宜。

4. 主梁梁高

主梁梁高为空腹段主梁的基础高度(不计入底板高度)和实腹段主梁跨中截面高度。图2.22所示为结构关键位置的位移和内力在各工况下随主梁梁高变化的曲线。

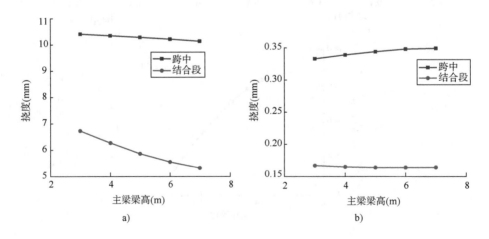

图 2.22

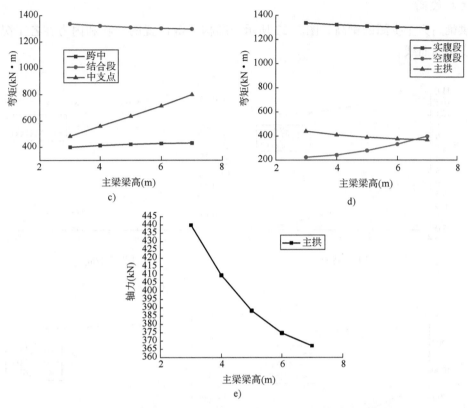

图2.22 结构关键位置的位移和内力在各工况下随主梁梁高变化的曲线

图2.22a）为移动荷载工况下跨中与梁拱结合段位置的主梁竖向挠度与主梁梁高的关系曲线。可以看出移动荷载下跨中挠度基本没有变化，而梁拱结合段处挠度小幅降低，由此可以判断，梁拱组合连续刚构桥的主梁主要提供局部刚度，提高整体刚度的作用有限。

图2.22b）为单位均布荷载工况下跨中与梁拱结合段位置的主梁竖向挠度与主梁梁高的关系曲线。跨中挠度和梁拱结合段处挠度就没有明显的变化，进一步说明梁高对整体刚度贡献有限。

图2.22c）为主梁弯矩与主梁梁高的关系曲线。随着主梁梁高的增加，跨中和梁拱结合段处的弯矩没有明显变化，而中支点处的弯矩有所上升，说明主梁梁高的增加会增加梁结构的受力。

图2.22d）为连接梁拱结合段的三个杆件在该位置的弯矩随主梁梁高的变化情况。随着主梁梁高的增加，空腹段主梁弯矩没有明显变化，实腹段主梁弯矩有所增加，而主拱的弯矩出现下降。由此可见，主拱对主梁的支撑作用会随着主梁梁高的增加而减弱，减弱幅度在10%左右。

图2.22e）为主拱轴力与主梁梁高的关系曲线。主拱轴力随主梁梁高的大幅降低，降幅在20%左右，也进一步说明了主拱支撑作用的减弱。

可见，主梁梁高的增加会导致结构受力从拱结构受力向梁结构受力模式转化，但幅度有限，结构总体刚度依然以拱结构为主。因此，合理的主梁梁高应当根据梁结构局部受力需求来确定。

5. 主拱梁高

主拱梁高为主拱圈的梁高。图 2.23 所示为结构关键位置的位移和内力在各工况下随主拱梁高变化的曲线。

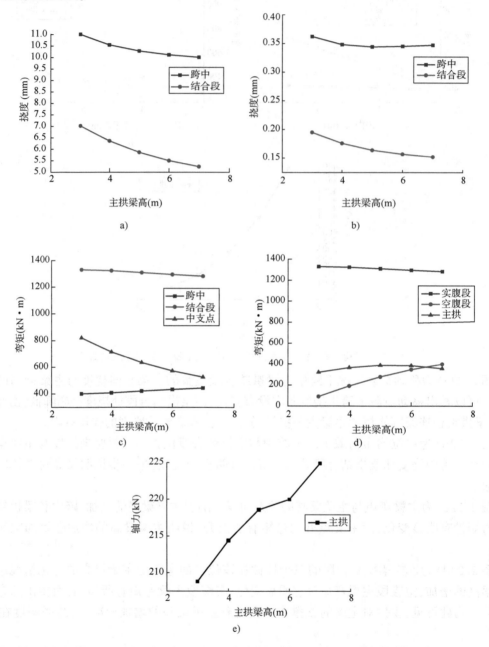

图 2.23 结构关键位置的位移和内力在各工况下随主拱梁高变化的曲线

图 2.23a) 为移动荷载工况下跨中与梁拱结合段位置的主梁竖向挠度与主拱梁高的关系曲线。当主拱梁高从 3m 增加到 6m 左右时, 跨中挠度和梁拱结合段处挠度逐渐变小, 但当主拱梁高大于 6m 以后, 二者又趋于稳定。说明主拱刚度对整个结构的刚度有比较明显的贡献,

有助于结构挠度的减小,减小幅度在25%左右。

图2.23b)为单位均布荷载工况下跨中与梁拱结合段位置的主梁竖向挠度与主拱梁高的关系曲线。可以看出,在均布荷载工况下,主拱梁高对结构刚度的影响也与移动荷载工况下类似,挠度减小25%。

图2.23c)为主梁弯矩与主拱梁高的关系曲线。随着主拱梁高的增加,跨中和梁拱结合段处的弯矩没有明显变化,而中支点处的弯矩有所下降。主要原因在于主拱梁高的增加明显提高了主拱对主梁的支撑作用。

图2.23d)为连接梁拱结合段的三个构件在该位置的弯矩随主拱梁高的变化情况。随着主拱梁高的增加,实腹段主梁的弯矩没有明显变化,空腹段主梁的弯矩大幅上升,而主拱的弯矩则是先升后降。

图2.23e)为主拱轴力与主拱梁高的关系曲线。主拱轴力随主拱梁高的增加而小幅增加,也进一步说明了主拱梁高过高并不利于其支撑作用。

与主梁高度变化相对,主拱梁高的增加会促使结构从梁受力向拱受力模式转化,但主拱梁高也不宜过大,当主拱梁高与主梁梁高相当时,可以更高效地发挥主拱的支撑作用。

6. 抛物线次数

抛物线次数为拱圈下缘和实腹段主梁下缘曲线形状情况。由于梁拱组合连续刚构桥的拱圈除了承受由上、下端点传递而来的内力外,只承受自重产生的竖向荷载,与常规的拱桥主拱受力有所区别,所以其合理拱轴线形可能与常规拱桥的合理拱轴有所区别,这也是本节探究意图所在。

图2.24所示为结构关键位置的位移和内力在各工况下随抛物线次数变化的曲线。

图2.24a)为移动荷载工况下跨中与梁拱结合段位置的主梁竖向挠度与抛物线次数的关系曲线。当抛物线次数从1增加到1.5左右时,跨中挠度逐渐变小,但当抛物线次数大于1.5以后,跨中挠度又逐渐增大;梁拱结合段挠度始终保持下降的趋势,但当抛物线次数大于1.5后,下降趋势有所放缓。这个现象与梁拱结合段的位置跟抛物线次数有一定的关系,随着抛物线次数的增加,梁拱结合段位置会由跨中向中支点方向移动。

图2.24b)为单位均布荷载工况下跨中与梁拱结合部位置的主梁竖向挠度与抛物线次数的关系曲线。当抛物线次数从1增加到1.5左右时,跨中挠度变化不大,但当抛物线次数大于1.5以后,跨中挠度呈现明显增大趋势;梁拱结合段处挠度始终保持相对平稳的下降趋势。

图2.24c)为主梁弯矩与抛物线次数的关系曲线。随着抛物线次数的增加,跨中和梁拱结合段处的弯矩明显增加,而中支点处的弯矩有所下降。这一现象的主要原因在于,随着抛物线次数的增加,梁拱结合段位置向中支点靠近,导致实腹段长度增加,梁高减小,进而导致实腹段主梁的弯矩增加。

图2.24d)为连接梁拱结合段的三个构件在该位置的弯矩随抛物线次数的变化情况。随着抛物线次数的增加,上弦梁和梁拱结合段后主梁的弯矩明显增加,而主拱的弯矩则明显下降。由此可见,主拱对主梁的支撑作用会随着抛物线次数的增加而减弱。

图 2.24e)为主拱轴力与抛物线次数的关系曲线。主拱轴力随抛物线次数的增加而逐渐增加,进一步说明抛物线次数过高会导致主拱受力不合理。

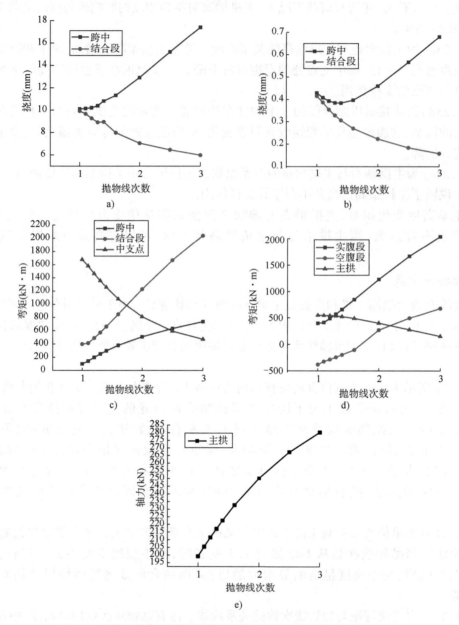

图 2.24 结构关键位置的位移和内力在各工况下随抛物线次数变化的曲线

从结构受力的角度来看,斜腿刚构桥的斜腿构件除自重外不承受其他竖向荷载,因此更适合采用接近直线的形状;空腹式拱桥的主拱圈除了承受自重外还需要承受通过立柱传递的接近均布形式的上部荷载,因此更适合采用二次抛物线的形状。而梁拱组合体系桥梁一方面没有设置传递竖向力的构造,另一方面梁拱组合连续刚构桥跨度较大,主拱截面较大,受到的弯矩较大,因此受力状态介于二者之间,也即抛物线次数应为 1.0~2.0。所以通过计算分析确定合理的次数具有实际意义。从上述结果来看,当抛物线次数在1.3~1.5范围内时,结构的刚度较大。考虑到主拱与主梁的衔接关系,主梁的合理线形更加接近二次抛物线或悬链线,因此可以适当增加抛物线的次数。

7. 中墩高度

中墩高度为主梁中支点桥面到中墩承台顶的高差。梁拱组合连续刚构桥的主拱为有推力结构,因此中墩高度会显著影响下部结构对拱圈的抗推刚度,进而影响结构整体受力模式。因此对于这一参数的量化分析也具有重要的工程参考意义。

图2.25所示为结构关键位置的位移和内力在各工况下随中墩高度变化的曲线。

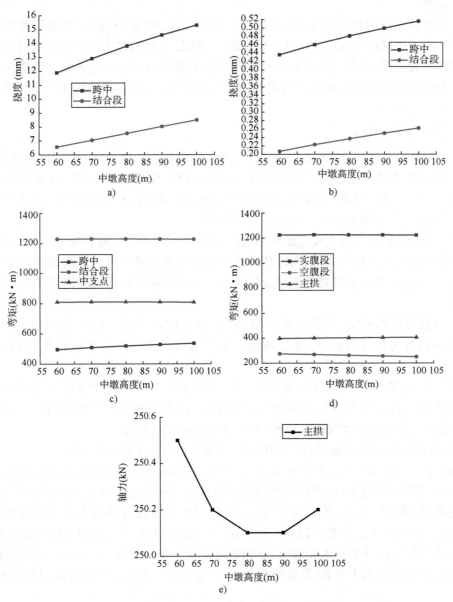

图2.25 结构关键位置的位移和内力在各工况下随中墩高度变化的曲线

图 2.25a) 为移动荷载工况下跨中与梁拱结合段位置的主梁竖向挠度与中墩高度的关系曲线。随着中墩高度的增加,跨中和梁拱结合段处的挠度小幅增加,从侧面证明主拱基础的抗推刚度对拱圈刚度具有一定的影响。

图 2.25b) 为单位均布荷载工况下跨中与梁拱结合段位置的主梁竖向挠度与中墩高度的关系曲线。移动荷载下的变化趋势同均布荷载一致,但是幅度更大。

图 2.25c)、d) 为主梁弯矩及连接梁拱结合段的三个构件在该位置的弯矩与中墩高度的关系曲线。这些内力均没有发生明显变化,对中墩的高度不敏感。

图 2.25e) 为主拱轴力与中墩高度的关系曲线。主拱轴力随中墩高度变化明显,呈先减小后增大的趋势。

梁拱结合体系桥梁的主拱与其他主拱受力规律一致,即受到拱圈边界刚度的影响。梁拱结合体系桥梁的中墩抗弯刚度即是这一边界刚度,因此,中墩的高度或长细比会对结构造成影响。在结构跨径协调、受力平衡的基础上,墩高对结构内力几乎不产生影响。而墩高对于结构刚度的影响较为显著,对于 240m 主跨的结构,当中墩高度从 60m 增加到 100m 时,结构刚度下降 25% 左右。

8. 梁高与矢跨比分析

上一节分析了矢跨比、空腹比、边中跨比、抛物线次数和中墩高度对结构刚度的影响。从结论中不难发现,矢跨比对结构的影响程度相对于其他参数更为明显,而这个影响主要体现在结构刚度中。后面进一步研究梁拱组合连续刚构桥的关键梁高参数的影响。这里的关键梁高主要是跨中梁高、上弦梁中部梁高和下弦拱拱箱高。

由于矢跨比的影响会极大程度地影响构件的受力形式,例如,随着矢跨比的增加,拱肋的弯矩和轴力都会发生大幅的变化,而这些因素又会显著改变梁拱组合连续刚构桥主要构件梁高对结构的影响,因此本节将通过正交分析的方法综合研究关键截面梁高和矢跨比对结构刚度的影响。

为了控制变量的速度,本节将跨中梁高、上弦梁中部梁高(不含底板高度)和下弦拱拱箱高统一设置为相等的值,在这个基础上研究构件梁高和矢跨比对结构刚度的影响的区别。

从图 2.26 不难看出,不管对应哪种矢跨比,梁高小于 4m 时,跨中挠度会随着梁高的增加明显下降;但当梁高大于 4m 时,跨中挠度受梁高的影响相对较小。另外,不管对应哪种梁高,跨中挠度都是随矢跨比的增加而减小的,但减小的趋势逐渐放缓。

为此,与中跨段长度 240m 相比,跨中主梁高度合理范围不应小于 1/60。

从图 2.27 可知,当矢跨比位于 0.08 ~ 0.20 时,梁拱结合段处挠度会随着梁高的增加而明显下降,相对于跨中挠度而言,梁拱结合段处的挠度受到梁高的影响更大,但影响的趋势也随着梁高的增加而放缓。另外,当矢跨比为 0.08 时,梁拱结合段处的挠度变化趋势会明显比其他四组数据要剧烈得多。由此可以进一步推断,在矢跨比为 0.08 时,梁拱组合连续刚构桥的主要构件以受弯为主,受梁高影响较大;而当矢跨比大于 0.08 以后,梁拱组合连续刚构桥以上下杆件轴力形成的力偶来平衡荷载的整体性开始提高。为此,桥墩根部的矢跨比应大于 1/12。

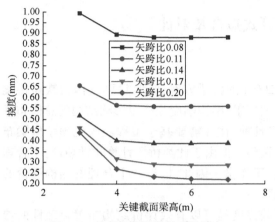

图 2.26 均布荷载下不同矢跨比跨中
挠度随梁高的变化曲线

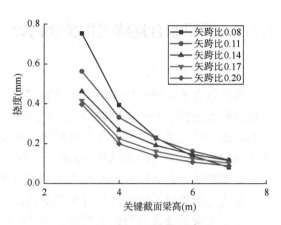

图 2.27 均布荷载下不同矢跨比梁拱结合段
处挠度随梁高的变化曲线

由图 2.28 可知,如果用移动荷载下的跨中挠度来衡量结构的刚度,虽然同样趋势会有所放缓,但还是可以明显看到跨中挠度随着梁高的增加不断减小。

由图 2.29 来看,与均布荷载一样,当矢跨比为 0.08~0.20 时,梁拱结合段处挠度会随着梁高的增加而明显下降,且趋势也随着梁高的增加而放缓。

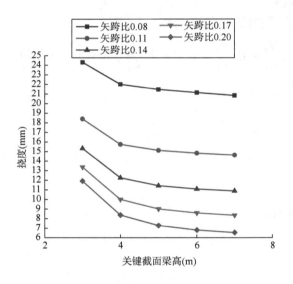

图 2.28 移动荷载下不同矢跨比跨中挠度
随梁高的变化曲线

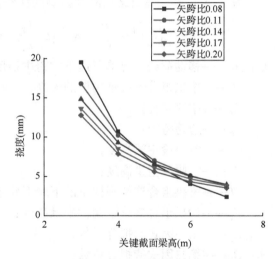

图 2.29 移动荷载下不同矢跨比梁拱结合段
挠度随梁高的变化曲线

从上述四组数据来看,可以得到以下几个结论:
(1)矢跨比和关键截面梁高对结构刚度的影响都是正向的。
(2)当梁高小于等于 3m 时,结构刚度随梁高的增长速度明显大于梁高大于 3m 以后的情况。
(3)矢跨比小于等于 0.08 时,梁拱组合连续刚构桥受力的整体性较差。
(4)中跨梁高不应小于中跨跨径的 1/60,合理范围应在 1/50~1/40 之间。

2.8.3 梁拱组合连续刚构桥挠跨比计算式拟合及对比

1. 挠跨比计算式

梁拱组合连续刚构桥多用于主跨跨径超过 200m 的桥梁方案选型,且可以作为铁路桥梁的理想桥型选择。对于这类桥梁,相对于结构强度要求,结构刚度往往更影响结构的总体布置方案。而设计人员在进行此类跨度较大的桥梁设计前,往往需要基于工程经验先预估桥梁布置的关键参数以进行结构试算,再进行结构优化调整。但由于此类桥梁计算非常烦琐,不合理的初始参数估计会大幅增加设计人员调整计算的工作量。因此,提出一个合理的结构评价的经验公式对于指导工程设计具有相当的应用价值。

基于大量的参数分析结论可以认为,跨中活载挠度是可以有效评价结构布置合理性的参数之一。因此,可基于大量参数分析来拟合梁拱组合连续刚构桥跨中挠度的经验公式。

根据前文的分析结论可知,梁拱组合体系的矢高、边跨长度、主梁梁高、主拱梁高、抛物线次数和中墩高度都是对结构的活载挠度有一定影响的参数。从影响程度上来看,矢高是对结构刚度有最明显影响的参数,其影响程度要远超其他参数的影响。为此,基于参数化有限元计算结果,对梁拱组合连续刚构桥在活载作用下的计算挠度进行拟合,下文将利用约束条件下的最优化方法求解各项贡献项系数,并比较实际效果。

综上,考虑到矢高对结构刚度影响的特殊性,提出如下多元二次线性方程:

$$\frac{s_k}{L_Z} = \frac{1}{1000}\left[\left(\alpha_1 \frac{F}{L_Z} + \alpha_0\right)\left(\beta_1 \frac{L_B}{L_Z} + \beta_2 \frac{H_B}{L_Z} + \beta_3 \frac{H_A}{L_Z} + \beta_4 T + \beta_5 \frac{H_T}{L_Z}\right) + \gamma_0\right] \quad (2.20)$$

式中:s_k——移动荷载工况单车道下的跨中挠度;
F——梁拱组合连续刚构桥的矢高;
L_Z——中跨跨径;
L_B——边跨跨径;
H_B——空腹段主梁高度;
H_A——空腹段主拱高度;
T——梁拱组合连续刚构桥的下缘形状系数;
H_T——梁拱组合连续刚构桥中墩高度;
α_0、α_1——第一因式待拟合系数;
$\beta_1 \sim \beta_5$——第二因式待拟合系数;
γ_0——待拟合常数。

采用这种形式的拟合公式考虑到了公式无量纲化的需求,s/L_Z 为结构的挠跨比,F/L_Z 为结构的矢跨比,L_B/L_Z 为结构的边中跨比,H_A/L_Z 和 H_B/L_Z 为结构主要构件的高跨比,H_T/L_Z 为桥墩高度和主跨的比例,T 为无量纲参数。

2. 计算式拟合方法

为使拟合方程具有足够的精度,本节提出如下数学模型:

$$FS = \min \sum_{i}^{m}(Y_i - y_i)^2 \quad (2.21)$$

式中:y_i——第 i 个加载工程利用简化公式计算的挠跨比;
Y_i——第 i 个加载工程利用有限元模拟计算的挠跨比;
m——拟合的加载工况总数。

实际上,针对本文研究的梁拱组合刚构桥,具有多个参数特征,形成高维特征参数空间,具有若干特征参数的结构挠跨比表现为该高维空间中一个高维点,本质上是距离各数据点距离总和最近的超平面,可简称为"最大超平面法"。

可行序列二次规划法是一种较为成熟的数学方法,算法是将复杂的非线性约束最优化问题转化为比较简单的二次规划(QP)问题进行迭代求解,与其他优化算法相比,其最突出的优点是收敛性好、计算效率高、边界搜索能力强,受到了广泛重视及应用,是非常适用于中小型问题的一种求解方法。

具体到求解过程,可以简单分为以下几个步骤:

(1)首先将无量纲处理后的待拟合公式进行整理简化,由式(2.20)得到:

$$s = (\alpha_1 f + \alpha_0)(\beta_1 l_B + \beta_2 h_B + \beta_3 h_A + \beta_4 T + \beta_5 h_T) + \gamma_0 \tag{2.22}$$

式中,$s = 1000 \dfrac{s_k}{L_Z}$,$f = 1000 \dfrac{F}{L_Z}$,$l_B = \dfrac{L_B}{L_Z}$,$h_B = \dfrac{H_B}{L_Z}$,$h_A = \dfrac{H_A}{L_Z}$,$h_T = \dfrac{H_T}{L_Z}$。然后将式(2.22)代入式(2.21),得到:

$$Fs = \min \sum_i^m \left[(\alpha_1 f + \alpha_0)(\beta_1 l_B + \beta_2 h_B + \beta_3 h_A + \beta_4 T + \beta_5 h_T) + \gamma_0 - s_i \right]^2 \tag{2.23}$$

(2)按照最大超平面法的计算原则,将 Fs 对所有待拟合参数求偏导:

$$F_1 = Fs_{\alpha 1} = \min \sum_i^m 2Z_i B_i f_i$$

$$F_2 = Fs_{\alpha 0} = \min \sum_i^m 2Z_i B_i$$

$$F_3 = Fs_{\beta 1} = \min \sum_i^m 2Z_i A_i l_{Bi}$$

$$F_4 = Fs_{\beta 2} = \min \sum_i^m 2Z_i A_i h_{Bi}$$

$$F_5 = Fs_{\beta 3} = \min \sum_i^m 2Z_i A_i h_{Ai}$$

$$F_6 = Fs_{\beta 4} = \min \sum_i^m 2Z_i A_i T_i$$

$$F_7 = Fs_{\beta 5} = \min \sum_i^m 2Z_i A_i h_{Ti}$$

$$F = Fs_{\gamma 0} = \min \sum_i^m 2Z_i \tag{2.24}$$

其中:

$$A_i = \alpha_1 f_i + \alpha_0$$
$$B_i = \beta_1 l_B + \beta_2 h_B + \beta_3 h_A + \beta_4 T + \beta_5 h_T$$
$$Z_i = s_i - y_i = A_i B_i + \gamma_0 - y_i \tag{2.25}$$

进一步整理得到:

$$\boldsymbol{F} = \begin{bmatrix} Fs_{\alpha 1} & Fs_{\alpha 0} & Fs_{\beta 1} & Fs_{\beta 2} & Fs_{\beta 3} & Fs_{\beta 4} & Fs_{\beta 5} & Fs_{\gamma 0} \end{bmatrix}^\mathrm{T} \tag{2.26}$$

(3)求解超平面系数,可转换为求解 $F_i = 0(i = 0 \sim 8)$ 的多元非线性方程组的数学问题。这里采用牛顿-拉普森迭代的方式求解。为所有待拟合系数设置初值1,得到系数初值向量:

$$\boldsymbol{\eta} = [\alpha_1 \quad \alpha_0 \quad \beta_1 \quad \beta_2 \quad \beta_3 \quad \beta_4 \quad \beta_5 \quad \gamma_0]^T = [1 \quad 1 \quad 1 \quad 1 \quad 1 \quad 1 \quad 1 \quad 1]^T \quad (2.27)$$

(4)建立导函数矩阵如下:

$$\boldsymbol{K} = \begin{bmatrix} Fs_{\alpha1\alpha1} & Fs_{\alpha0\alpha1} & Fs_{\beta1\alpha1} & Fs_{\beta2\alpha1} & Fs_{\beta3\alpha1} & Fs_{\beta4\alpha1} & Fs_{\beta5\alpha1} & Fs_{\gamma0\alpha1} \\ Fs_{\alpha1\alpha0} & Fs_{\alpha0\alpha0} & Fs_{\beta1\alpha0} & Fs_{\beta2\alpha0} & Fs_{\beta3\alpha0} & Fs_{\beta4\alpha0} & Fs_{\beta5\alpha0} & Fs_{\gamma0\alpha0} \\ Fs_{\alpha1\beta1} & Fs_{\alpha0\beta1} & Fs_{\alpha1\beta1} & Fs_{\alpha2\beta1} & Fs_{\alpha3\beta1} & Fs_{\alpha4\beta1} & Fs_{\alpha5\beta1} & Fs_{\gamma0\beta1} \\ Fs_{\alpha1\beta2} & Fs_{\alpha0\beta2} & Fs_{\alpha1\beta2} & Fs_{\alpha2\beta2} & Fs_{\alpha3\beta2} & Fs_{\alpha4\beta2} & Fs_{\alpha5\beta2} & Fs_{\gamma0\beta2} \\ Fs_{\alpha1\beta3} & Fs_{\alpha0\beta3} & Fs_{\alpha1\beta3} & Fs_{\alpha2\beta3} & Fs_{\alpha3\beta3} & Fs_{\alpha4\beta3} & Fs_{\alpha5\beta3} & Fs_{\gamma0\beta3} \\ Fs_{\alpha1\beta4} & Fs_{\alpha0\beta4} & Fs_{\alpha1\beta4} & Fs_{\alpha2\beta4} & Fs_{\alpha3\beta4} & Fs_{\alpha4\beta4} & Fs_{\alpha5\beta4} & Fs_{\gamma0\beta4} \\ Fs_{\alpha1\beta5} & Fs_{\alpha0\beta5} & Fs_{\alpha1\beta5} & Fs_{\alpha2\beta5} & Fs_{\alpha3\beta5} & Fs_{\alpha4\beta5} & Fs_{\alpha5\beta5} & Fs_{\gamma0\beta5} \\ Fs_{\alpha1\gamma0} & Fs_{\alpha0\gamma0} & Fs_{\alpha1\gamma0} & Fs_{\alpha2\gamma0} & Fs_{\alpha3\gamma0} & Fs_{\alpha4\gamma0} & Fs_{\alpha5\gamma0} & Fs_{\gamma0\gamma0} \end{bmatrix} \quad (2.28)$$

式中:Fs_{ij}——Fs 对 i 和 j 的二阶偏导数。

(5)计算系数增量向量:

$$\nabla \boldsymbol{\eta} = -\boldsymbol{K}^{-1}\boldsymbol{F} \quad (2.29)$$

(6)求解下一迭代步的系数向量:

$$\boldsymbol{\eta}_{\text{step } n+1} = \boldsymbol{\eta}_{\text{step } n} + \nabla \boldsymbol{\eta}_{\text{step } n} \quad (2.30)$$

(7)重新计算下一迭代步的 F 和 $\nabla \boldsymbol{\eta}$,循环求解直至满足收敛。

3. 计算结果

基于上一节的求解方法,在利用插件对系数进行求解的过程中,目标函数随着迭代次数的变化如图 2.30 所示。

各项待拟合参数的取值随计算次数的变化情况如图 2.31 所示。

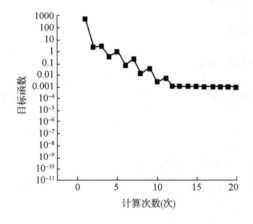

图 2.30 目标函数与计算次数关系

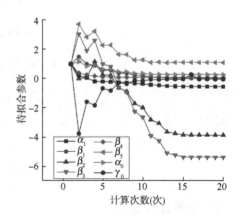

图 2.31 待拟合参数与计算次数关系

最终得到公式如下：

$$\frac{s}{L_Z} = \frac{1}{1000}(\xi_1 \xi_2 - 0.0250)$$

$$\xi_1 = 0.2861 - 0.5251 \frac{f}{L_Z}$$

$$\xi_2 = 0.0267 - 3.8492 \frac{H_B}{L_Z} - 5.3618 \frac{H_A}{L_Z} + 0.0903T + 1.1136 \frac{H_T}{L_Z} \qquad (2.31)$$

式中各项参数的意义同前。

简化公式计算结果和有限元结果对比如图 2.32 所示，拟合模型有限元结果见表 2.3。拟合误差散点图见图 2.33。

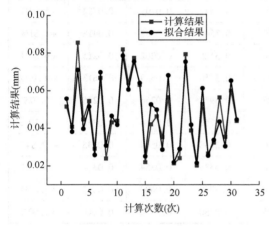

图 2.32 拟合公式计算效果图　　　　　　　图 2.33 拟合误差散点图

拟合模型有限元结果 表 2.3

序号	矢跨比	边中跨比	主梁高跨比	拱肋高跨比	次数	墩高跨比	计算挠跨比	拟合挠跨比	误差
实桥	0.12	0.57	0.0204	0.0196	2.00	0.3143	0.0515	0.0557	+8.27%
1	0.25	0.50	0.0292	0.0125	2.50	0.3125	0.0408	0.0381	-6.45%
2	0.10	0.65	0.0125	0.0250	1.75	0.3750	0.0855	0.0710	-16.96%
3	0.30	0.50	0.0167	0.0167	2.50	0.3750	0.0446	0.0397	-11.07%
4	0.15	0.55	0.0167	0.0292	2.25	0.3333	0.0543	0.0514	-5.41%
5	0.30	0.70	0.0167	0.0292	2.50	0.3333	0.0291	0.0258	-11.37%
6	0.20	0.65	0.0125	0.0167	2.50	0.3750	0.0668	0.0697	+4.46%
7	0.30	0.65	0.0125	0.0250	1.75	0.3958	0.0240	0.0308	+28.49%
8	0.20	0.65	0.0167	0.0292	2.00	0.3750	0.0431	0.0465	+8.01%
9	0.30	0.50	0.0125	0.0167	2.25	0.3958	0.0440	0.0418	-4.82%
10	0.10	0.55	0.0208	0.0167	2.00	0.3750	0.0819	0.0786	-4.07%
11	0.15	0.60	0.0292	0.0250	2.50	0.3750	0.0642	0.0606	-5.53%
12	0.10	0.55	0.0125	0.0167	1.50	0.3750	0.0774	0.0755	-2.48%
13	0.15	0.60	0.0250	0.0250	2.25	0.3958	0.0632	0.0641	+1.46%

续上表

序号	矢跨比	边中跨比	主梁高跨比	拱肋高跨比	次数	墩高跨比	计算挠跨比	拟合挠跨比	误差
14	0.30	0.50	0.0167	0.0250	2.00	0.3542	0.0220	0.0252	+14.57%
15	0.20	0.50	0.0125	0.0250	2.25	0.3542	0.0421	0.0526	+25.10%
16	0.25	0.70	0.0292	0.0167	2.50	0.3958	0.0463	0.0499	+7.62%
17	0.30	0.50	0.0208	0.0167	2.50	0.3125	0.0353	0.0287	-18.85%
18	0.15	0.50	0.0250	0.0208	2.25	0.3958	0.0564	0.0682	+20.92%
19	0.30	0.65	0.0125	0.0292	2.00	0.3333	0.0214	0.0219	+2.48%
20	0.25	0.70	0.0167	0.0208	1.75	0.3125	0.0241	0.0290	+20.42%
21	0.10	0.55	0.0125	0.0167	1.75	0.3542	0.0793	0.0754	-5.02%
22	0.25	0.60	0.0125	0.0292	2.50	0.3542	0.0388	0.0418	+7.81%
23	0.25	0.70	0.0292	0.0167	1.50	0.3125	0.0202	0.0215	+6.80%
24	0.20	0.60	0.0125	0.0167	2.00	0.3750	0.0529	0.0613	+16.00%
25	0.30	0.65	0.0292	0.0292	2.25	0.3958	0.0266	0.0255	-4.07%
26	0.30	0.70	0.0125	0.0250	2.25	0.3750	0.0324	0.0338	+4.19%
27	0.30	0.0208	0.0125	0.0292	2.50	0.3958	0.0564	0.0435	-22.84%
28	0.15	0.50	0.0250	0.0292	1.50	0.3333	0.0354	0.0304	-14.08%
29	0.15	0.60	0.02917	0.0167	2.00	0.3958	0.0600	0.0653	+8.88%
30	0.20	0.60	0.0252	0.0292	2.25	0.3750	0.0439	0.0446	+1.60%

以上分析表明，拟合误差大部分不超过10%，也即拟合式的等效精度在±10%以内，具有良好的逼近和预测效果。

2.9 三角区上弦梁施工过程临时拉索布置安全优化研究

与设置下弦拱临时拉索是为了改善下弦拱受力的目的不同，设置上弦梁拉索主要是为了优化桥面系结构的内力分布。为了研究其具体作用，下面进行对比计算，并进行优化研究。

2.9.1 三角区上弦梁临时拉索布置对比计算

上弦梁为受弯构件，其正截面抗弯承载能力的大小与主梁梁高有很强的相关性，即主梁梁高越大，抗弯承载能力越大。图2.34为重庆礼嘉嘉陵江大桥最小弯矩包络图，其中三角区主梁根部梁高与梁拱结合段主梁梁高分别为10.612m与6.5m，然而，从图中不难发现，梁拱组合连续刚构桥正截面抗弯承载能力控制截面出现在梁高相对较小的上弦梁根部截面，且随着三角区长度变大，根部截面的最大负弯矩与梁拱结合段最大负弯矩的差值将会逐渐扩大。

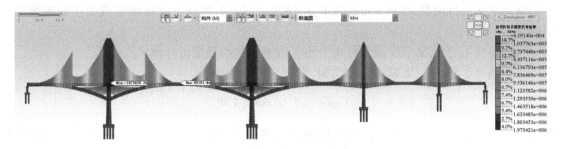

图 2.34 梁拱组合刚构桥最小弯矩包络图(单位:kN·m)

表 2.4 为三角区上弦梁四根临时拉索引起上弦梁根部截面内力的变化,可见张拉与拆除 4 根临时拉索的过程致上弦梁根部截面弯矩与轴力增量分别为:

$$M_{增量} = +26.21 \times 10^4 \text{kN·m}$$

$$N_{增量} = +1.54 \times 10^4 \text{kN}$$

四根临时拉索引起上弦梁根部截面内力变化情况　　　　表 2.4

工况	弯矩增量(kN·m)	轴力增量(kN)
张拉 1 号临时拉索	$+12.13 \times 10^4$	-0.63×10^4
张拉 2 号临时拉索	$+12.42 \times 10^4$	-0.61×10^4
张拉 3 号临时拉索	$+12.54 \times 10^4$	-0.59×10^4
张拉 4 号临时拉索	$+12.63 \times 10^4$	-0.56×10^4
合龙拆除 4 根临时拉索	-23.51×10^4	$+3.93 \times 10^4$
合计	$+26.21 \times 10^4$	$+1.54 \times 10^4$

成桥状节段悬臂根部截面处于上缘受拉、下缘受压应力的力状态,$M_{增量}$引起上缘压应力增量$\nabla\sigma_M = 2.85$MPa,$N_{增量}$引起上缘压应力增量$\nabla\sigma_N = -0.42$MPa,即弯矩与轴力增量引起的悬臂根部截面上缘压应力增加$\nabla\sigma_{M+N} = 2.43$MPa,且弯矩增量占成桥状态弯矩的比例为:

$$\eta_{弯矩} = \frac{M_{增量}}{M_{成桥}} = \frac{26.21 \times 10^4 \text{kN·m}}{98.28 \times 10^4 \text{kN·m}} = 26.67\% \tag{2.32}$$

可见:①上弦梁施工过程即使不采用临时拉索的施工措施,主梁也不会出现不良应力,采用此措施将会在临时拉索附近截面产生下缘拉应力;②随着上弦梁长度的增加,梁拱组合连续刚构桥正截面抗弯承载能力控制截面逐渐由梁拱结合段向上弦梁根部截面转移;③合理的上弦梁临时拉索措施可有效地降低成桥状态上弦梁根部截面的不利弯矩。

2.9.2 上弦梁临时拉索索力优化

临时拉索安装与拆除过程在上弦根部截面产生正弯矩增量越大,对结构抗弯承载能力越有利,因此上弦梁索力优化的目标为:以保证施工过程上弦梁拉应力不超过混凝土抗拉强度设计值为前提,以各临时拉索索力均匀为目标函数,尽可能地增加临时拉索引起的上弦梁根部正弯矩增量。

索力优化目标函数:$f(x) = \max\{\nabla M_y^i\}$,即为全部索力组合上弦梁根部截面正弯矩增量达到最大。

约束条件1:上弦梁下缘最大拉应力小于混凝土抗拉强度设计值;

约束条件2:临时拉索索力分布均匀,索力变异系数较小。

$$\begin{cases} \max f(x) = \max\{\nabla M_y^i\} \\ \text{s.t. } [\sigma_j]_{\max} \leqslant f_{td} \\ c_v \leqslant \Delta \end{cases} \tag{2.33}$$

式中:$[\sigma_j]_{\max}$——第j根拉索张拉后上弦主梁下缘最大控制拉应力;

f_{td}——混凝土抗拉强度设计值,本书取1.96MPa;

Δ——索力变异系数评价阈值;

c_v——变异系数。

展开了如图2.35所示的12组不同约束条件索力优化,前4组为4根临时拉索,第5~8组为5根临时拉索,第9~12组为6根临时拉索。第1、5、9组采用"最大拉应力索力"优化约束条件(方法1):索力约束条件为每根临时拉索张拉至已浇筑上弦主梁下缘拉应力$[\sigma_j]_{\max}$=1.96MPa。第2、6、10组采用"均分渐进"索力优化约束条件(方法2):第j根拉索张拉至已浇筑上弦主梁下缘拉应力$[\sigma_j]_{\max}=(j/n)f_{td}$。第3、7、11组采用"差值递增"索力优化条件(方法3):第$j+1$根拉索$[\sigma_{j+1}]_{\max}$与第j根拉索$[\sigma_j]_{\max}$的差值$\Delta[\sigma_j]$数列为等差递增数列。第4、8、12组采用"差值递减"索力优化条件(方法4):第$j+1$根拉索$[\sigma_{j+1}]_{\max}$与第j根拉索$[\sigma_j]_{\max}$的差值$\Delta[\sigma_j]$数列为等差递减数列,具体如图2.35所示。

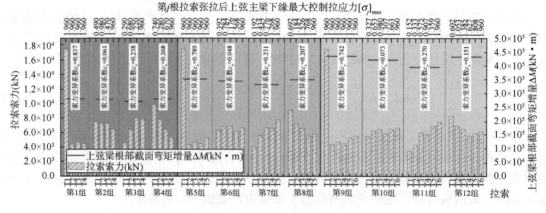

图2.35 梁拱组合连续刚构上弦梁索力优化对比图

分析可知,临时拉索根数相同时采用上述不同方法计算得到的上弦梁根部截面正弯矩增量ΔM_y相差不大,临时拉根数越多,ΔM_y越大,通过对变异系数规律分析发现方法2优化出来的索力最为均匀,且正弯矩增量ΔM_y较大。

综上所述,本节提出一种适用于梁拱组合连续刚构桥上弦梁临时拉索优化的一种实用索力优化约束条件,即"均分渐进"索力优化约束条件,该法可以得到索力均匀的一组索力且上弦梁根部截面正弯矩增量较大。

2.9.3 上弦梁临时拉索根数优化

本节基于前文提出的"均分渐进"索力优化实用约束条件对上弦梁临时拉索根数进行优化研究分析,表2.5列举了本项目全部拉索布置工况,共计78个索力组合工况。

78个索力组合工况　　　　表2.5

拉索根数	工况总数	梁端拉索张拉节点号	节点号区间	工况
1	12	Ni	$i \in [1,12]$	工况1-1 ~ 工况1-12
2	11	$Ni \sim Ni+1$	$i \in [1,11]$	工况2-1 ~ 工况2-11
3	10	$Ni \sim Ni+2$	$i \in [1,10]$	工况3-1 ~ 工况3-10
4	9	$Ni \sim Ni+3$	$i \in [1,9]$	工况4-1 ~ 工况4-9
5	8	$Ni \sim Ni+4$	$i \in [1,8]$	工况5-1 ~ 工况5-8
6	7	$Ni \sim Ni+5$	$i \in [1,7]$	工况6-1 ~ 工况6-7
7	6	$Ni \sim Ni+6$	$i \in [1,6]$	工况7-1 ~ 工况7-6
8	5	$Ni \sim Ni+7$	$i \in [1,5]$	工况8-1 ~ 工况8-5
9	4	$Ni \sim Ni+8$	$i \in [1,4]$	工况9-1 ~ 工况9-4
10	3	$Ni \sim Ni+9$	$i \in [1,3]$	工况10-1 ~ 工况10-3
11	2	$Ni \sim Ni+10$	$i \in [1,2]$	工况11-1 ~ 工况11-2
12	1	$Ni \sim Ni+11$	$i = 1$	工况12-1

其中,节点号见图2.36。

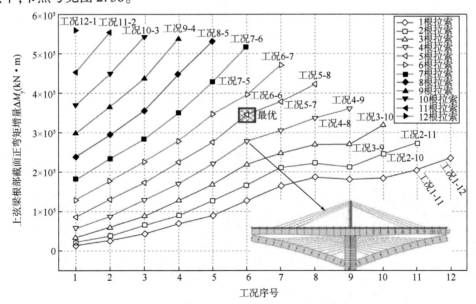

图2.36　78个索力组合工况上弦梁根部正弯矩增量曲线图

分析图 2.36 发现:①临时拉索向梁拱结合段靠近,上弦梁根部正弯矩增量 ΔM_y 变大;②临时拉索根数越多,上弦梁根部正弯矩增量 ΔM_y 越大,但当拉索根数大于等于 7 根后,上弦梁根部正弯矩增量 ΔM_y 的最大值基本不变;③上弦梁根部正弯矩增量 ΔM_y 最大值 = $+5.60 \times 10^5 \text{kN} \cdot \text{m}$,结合桥梁实际情况,梁拱结合段构造复杂,临时拉索应避免在 11 号与 12 号节点张拉,同时应尽量减少临时拉索用量,降低施工风险,综上分析工况 5-6 所对应的临时拉索布置为最优拉索布置,$\Delta M_y = +3.45 \times 10^5 \text{kN} \cdot \text{m}$。

通过上述采用有限元软件展开了梁拱组合连续刚构上弦梁临时拉索布置的安全优化研究,对比了 78 组临时拉索布置形式对上弦梁根部截面正弯矩的影响,得到如下结论:

(1)上弦梁临时拉索本质作用为降低成桥状态上弦梁根部截面负弯矩以提高结构安全储备。

(2)提出了适用于梁拱组合连续刚构桥上弦梁临时拉索优化的一种"均分渐进"实用索力优化约束条件,该法可以得到索力均匀的一组索力且上弦梁根部截面正弯矩增量较大。

(3)临时拉索越靠近梁拱结合段,上弦梁正截面承载能力储备越大。

(4)临时拉索根数增加到 7 根后,上弦梁正弯矩增量 ΔM_y 最大值基本保持不变,考虑施工安全风险等因素,5 根临时拉索对结构最有利。

第3章

梁拱组合连续刚构桥梁拱结合段试验研究

3.1 概述

梁拱组合连续刚构桥梁拱结合段,即墩旁三角区上下弦结合段角隅节点在荷载作用下应力分布是评价梁拱组合连续刚构桥梁拱结合段力学性能的重要参数。为准确反映正常使用极限状态下角隅节点的应力分布情况,首先通过建立三维实体有限元模型进行各工况下的结构分析,得出荷载-位移曲线、各工况的应力分布情况,以及破坏工况下的破坏形态和裂缝发展规律,然后通过模型试验对理论分析结果进行验证。

3.2 梁拱结合段有限元分析

3.2.1 模型建立

针对重庆礼嘉嘉陵江大桥梁拱结合段的缩尺模型建立有限元分析模型,进行高度非线性精细化有限元分析。模型如图3.1、图3.2所示。

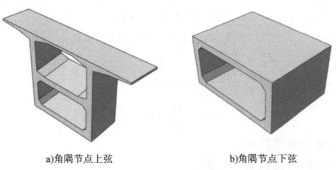

a)角隅节点上弦　　　　　　　　b)角隅节点下弦

图3.1　角隅节点模型部件

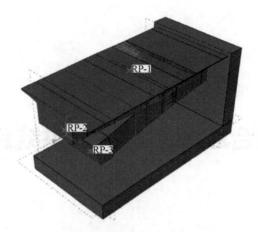

图 3.2 角隅节点几何模型

模型定义钢和混凝土两种材料特性,其中钢材采用理想弹塑性本构模型,而混凝土采用混凝土塑性损伤模型。混凝土塑性损伤模型是一种以塑性理论为基础,具有连续性的损伤模型,其基本假设是各向同性的受压和受拉导致了材料的损伤开裂破坏模型。

(1)混凝土单轴受压的应力-应变曲线方程

$$\sigma = (1 - d_{rc})E_0\varepsilon \tag{3.1}$$

$$d_{rc} = \begin{cases} 1 - \dfrac{\rho_c n}{n - 1 + x^n} & x \leqslant 1 \\ 1 - \dfrac{\rho_c}{\alpha_c(x-1)^2 + x} & x > 1 \end{cases} \tag{3.2}$$

$$\rho_c = \frac{f_{ck}}{E_0\varepsilon_c}, n = \frac{E_0\varepsilon_c}{E_0\varepsilon_c - f_{ck}}, x = \frac{\varepsilon}{\varepsilon_c} \tag{3.3}$$

式中:E_0——混凝土初始弹性模量;

d_{rc}——混凝土单轴受压损伤演化参数;

f_{ck}——混凝土单轴抗压强度标准值;

ε_c——峰值压应变;

α_c——混凝土单轴受压应力-应变曲线下降段参数值。

(2)混凝土单轴受拉的应力-应变曲线方程

$$\sigma = (1 - d_{rt})E_0\varepsilon \tag{3.4}$$

$$d_{rt} = \begin{cases} 1 - \rho_t(1.2 - 0.2x^5) & x \leqslant 1 \\ 1 - \dfrac{\rho_t}{\alpha_t(x-1)^{1.7} + x} & x > 1 \end{cases} \tag{3.5}$$

$$\rho_t = \frac{f_{tk}}{E_0\varepsilon_t}, x = \frac{\varepsilon}{\varepsilon_t} \tag{3.6}$$

式中:E_0——混凝土初始弹性模量;

f_{tk}——混凝土单轴抗拉强度标准值;

ε_t——峰值拉应变;

d_{rt}——混凝土单轴受拉损伤演化参数;

α_t——混凝土单轴受拉应力-应变曲线下降段的参数值。

混凝土单轴应力-应变曲线如图3.3所示。

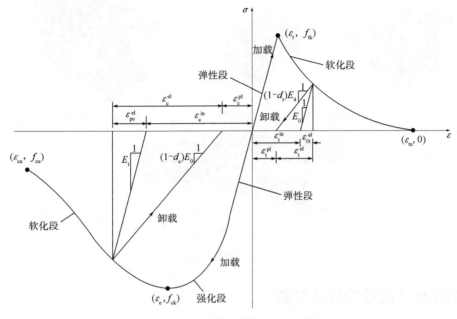

图3.3 混凝土单轴应力-应变曲线

d_t、d_c-塑性损伤模型的受拉与受压损伤因子;ε_t^{el}、ε_c^{el}-弹性拉应变与压应变;ε_t^{pl}、ε_c^{pl}-塑性拉应变与压应变;ε_{0t}^{el}、ε_{0c}^{el}-无损伤塑性拉应变与压应变;ε_t^{in}、ε_c^{in}-非弹性拉应变与压应变

(3)屈服准则

混凝土塑性损伤模型的屈服面函数为:

$$F = \frac{1}{1-\alpha}[\sqrt{3J_2} + \alpha I_1 + \beta\langle\sigma_{max}\rangle - \gamma\langle-\sigma_{max}\rangle] - \sigma_{c0} \quad (3.7)$$

$$\alpha = \frac{\sigma_{b0}/\sigma_{c0} - 1}{2\sigma_{b0}/\sigma_{c0} - 1}, \beta = \frac{\sigma_{c0}}{\sigma_{t0}}(1-\alpha) - (1+\alpha), \gamma = \frac{3(1-K_c)}{2K_c - 1} \quad (3.8)$$

式中:F——屈服面函数;

I_1、J_2——应力张量第一不变量与偏应力张量第二不变量;

σ_{max}——第一主应力;

σ_{b0}、σ_{c0}——混凝土双轴与单轴抗压强度;

σ_{t0}——混凝土单轴抗拉强度;

K_c——控制混凝土屈服面在偏平面上投影形状的参数,对于正常配筋混凝土,建议K_c = 0.67。

(4)流动法则

模型采用非关联流动法则,其塑性势函数为:

$$G = \sqrt{(\lambda\sigma_{t0}\tan\varphi)^2 + 3J_2} + I_1\tan\varphi \quad (3.9)$$

式中:λ——混凝土屈服面在强化过程中的膨胀角,取值范围为37°~42°;

φ——混凝土塑性势函数的偏心距,取 0.1。

指定几何模型属性后划分网格,形成有限元模型,如图 3.4 所示。

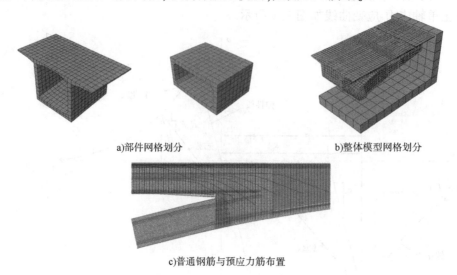

图 3.4 角隅节点的有限元模型

3.2.2 梁拱结合段结构设计参数

梁拱结合段结构设计参数包括几何参数、材料参数、荷载参数、边界参数等。

1. 几何参数

几何参数分为两类:第一类包含主跨跨径、边跨跨径、三角区上弦梁断面与下弦拱断面、实腹段主梁断面、桥墩高度、桥墩断面等对结构宏观受力有明显影响的参数;第二类主要为对结构整体受力影响较小的局部构造参数,这些参数对结构整体受力分配没有影响,但对关键节点的局部受力有一定的影响。几何参数既可以是一个单独的数据,也可以是一组描述平面形状的数据序列,还可以是描述空间形状变化的二维序列,甚至是更加复杂的形式。

2. 材料参数

材料参数包括上下部结构所用的混凝土材料、钢筋材料和钢束材料的模量、抗拉强度、抗压强度、时变特性等。

3. 荷载参数

荷载参数包括结构的一期恒载、二期恒载、移动荷载、温度荷载、沉降荷载、风荷载等的荷载形式与荷载取值。

4. 边界参数

边界参数包括中墩与边墩的边界条件,等效土弹簧的刚度和分布情况等。

在上述的所有设计参数中,除了理论分析中涉及的结构在均布荷载或集中荷载作用下的挠度,以及关键截面的内力以外,精细化有限元分析还需考虑以下三个方面的内容:

(1)总体参数中除矢跨比、三角区长度与跨径的比例、边中跨比外,还需考虑桥墩高度、桥跨结构下缘抛物线次数;构件参数中除主梁刚度外,还需考虑拱的刚度、主墩刚度等。

(2)严格按照施工过程、钢束布置方案以及边界条件进行模拟分析。

(3)除了均布荷载以外,需模拟一期恒载、二期恒载、车辆荷载、温度荷载、不均匀沉降和风荷载对结构的作用。

3.2.3 梁拱结合段结构受力性能分析

梁拱组合连续刚构桥结合了梁桥与拱桥的受力特点,整体结构计算模式明确,但其梁拱结合段结构受力复杂,为保证施工阶段与运营阶段结构安全,基于混凝土塑性损伤模型对梁拱组合节点位置进行局部分析,并讨论其角隅节点的传力机理。

梁拱组合角隅节点构造如图3.5所示,上弦梁为49～56号单元,下弦拱为1025～1026号单元。目前,局部分析普遍采取从杆系整体模型中提取的局部模型力边界条件或者位移边界条件施加在局部模型边界上的方法,该方法对于相对简单结构如连续刚构0号块分析,具有较高的实用性,且计算精度较高。而针对梁拱组合节点这种复杂结构,一是由于节点构造复杂,整体模型中在局部模型端部节点与关心部位之间可能存在外荷载;二是角隅节点在局部模型与整体模型中的边界差异较大,直接提取的端部节点内力作为力边界条件无法保证关心部位(51j截面)内力状态与整体模型等效。因此,不能简单地采用上述方法进行分析,否则将无法实现结构受力状态的真实模拟。

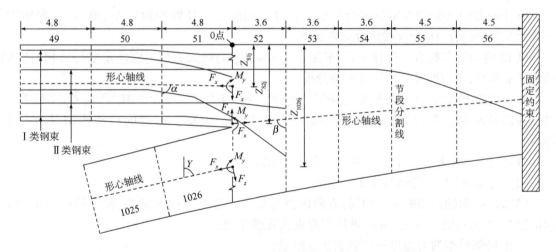

图3.5 角隅节点位置构造图

注:图中钢束仅为示意,单位为m。

复杂结构局部分析的核心是建立与整体模型受力状态相同的局部杆系模型,然而,实际工程中几乎无法建立这种局部模型,只能寻找与整体模型最大程度相似的局部杆系模型,进而采用通用有限元程序进行局部结构的空间实体分析。因此,本节借助 Von-Mises 应力相似的方法追踪局部有限元模型力边界条件。

Von-Mises 应力相似追踪法的基本思路:

(1)首先引入未知变量列矩阵 $\boldsymbol{B}$：

$$\boldsymbol{B} = [F_x^{49i} \quad F_z^{49i} \quad M_y^{49i} \quad F_x^{1024i} \quad F_z^{1024i} \quad M_y^{1024i} \quad G_x \quad G_z]^{\mathrm{T}} \qquad (3.10)$$

以 51j 截面、1026j 截面及 52j 截面的内力状态为目标列矩阵，即目标列矩阵 $\boldsymbol{C}$：

$$\boldsymbol{C} = [F_x^{51j} \quad F_z^{51j} \quad M_y^{51j} \quad F_x^{52j} \quad M_y^{52j} \quad F_x^{1026j} \quad F_z^{1026j} \quad M_y^{1026j}]^{\mathrm{T}} \qquad (3.11)$$

基于 MATLAB 软件影响矩阵分析法求解矩阵方程：

$$\boldsymbol{B} = \boldsymbol{A}_{\text{influence}}^{-1} \cdot \boldsymbol{C} \qquad (3.12)$$

(2)将变量列矩阵 $\boldsymbol{B}$ 代入局部杆系模型中，对比局部杆系模型中 52i 截面的内力与目标状态的差异，并展开轴力、剪力及弯矩偏差 Von-Mises 应力的影响因素敏感性分析。

(3)循环使用影响矩阵分析法逐步微调局部模型预应力钢束组合系数，消除对 Von-Mises 应力影响最大的偏差。

(4)验证节点位置的内力状态，直至满足工程精度要求。

需要注意的是，即使通过影响矩阵分析满足了 51j 与 1026j 截面的内力状态与目标状态相同，但是 52i 截面的内力状态仍有较大的偏差，通过第 2 至第 4 步消除 52i 截面内力偏差对计算结果的影响。变量 G_x（$-x$ 方向）与 G_z（$-z$ 方向）分别用于调节 52i 截面 F_x 与 52j 截面 M_y。

根据最不利受力原则构建了 18 个荷载组合。组合中包括恒荷载 $S_{\text{恒}}$、汽车荷载 S_{qc}、人群荷载 S_{rq}、钢束一次 S_{gs1}、钢束二次（包括在恒荷载里面）S_{gs2}、徐变二次 S_{xb2}、收缩二次 S_{ss2}、整体升降温 S_{total}、正负温度梯度 T_{td}、制动力 S_{zd}、支点沉降 S_{cj} 等荷载，各荷载组合系数取 1.0。

$$S_{\text{ud}} = S_{\text{恒}} + S_{\text{gs1}} + S_{\text{qc}} + S_{\text{rq}} + S_{\text{xb2}} + S_{\text{ss2}} + S_{\text{total}} + S_{\text{td}} + S_{\text{zd}} + S_{\text{cj}} \qquad (3.13)$$

式中：S_{ud}——荷载组合效应值。

18 个荷载组合分别为梁拱组合节点 51j、52i、1026j 三个位置的轴力 N_x、剪力 F_z、弯矩 M_y 的最大与最小组合，18 个荷载组合见表 3.1。

以 18 组最不利组合为目标状态，采用 Von-Mises 应力最大相似追踪法建立与其相对应的局部杆系模型，进而展开实体单元模型分析。

此方法的目标是求解变量矩阵 $\boldsymbol{B}_X^{8 \times 18} = [F_x^{49i} \quad F_z^{49i} \quad M_y^{49i} \quad F_x^{1024i} \quad F_z^{1024i} \quad M_y^{1024i} \quad G_x \quad G_z]^{\mathrm{T}}$ 以及 I 类钢束的荷载组合系数，通过 Von-Mises 应力最大相似追踪法获得的局部模型具有如下特点：

(1)51j、1026j 截面三个方向内力与表 3.1 相同。

(2)52j 截面轴力、弯矩与表 3.1 相同。

(3)52i 截面轴力与表 3.1 相同，方向内力与表 3.1 存在小幅的偏差，但局部模型中最不利位置 1～5 号点的 Von-Mises 与整体模型极大程度相似。

18 组局部模型的力边界条件如图 3.6 所示。

建立 18 个 Abaqus 实体单元模型，通过计算绘制出了上述 18 个荷载组合的荷载-位移曲线，如图 3.7 所示，发现荷载组合 3-51j$M_{y\max}$ 与荷载组合 9-52i$M_{y\max}$ 对梁拱组合节点最为不利，均为上弦梁最大正弯矩最不利组合工况。

由模型计算结果可知：

(1)荷载因子小于 1.0 时，荷载-位移曲线为直线，结构刚度恒定，角隅节点处于弹性受力节段，结构未产生损伤。

表 3.1　角隅节点最不利荷载组合

位置	荷载组合	F_x(kN)	F_z(kN)	M_y(kN·m)	荷载组合	F_x(kN)	F_z(kN)	M_y(kN·m)	荷载组合	F_x(kN)	F_z(kN)	M_y(kN·m)
51j	1-51j $N_{x\max}$	-138399.4	8292.3	11707.0	7-52i $N_{x\max}$	-176149.4	1569.5	168913.7	13-1026j $N_{x\max}$	-173813.7	1750.0	170258.4
52i		-318390.5	-13863.2	-157225.2		-309209.7	-2962.6	200064.8		-302260.7	-2731.9	230648.9
1026j		-234582.5	-11495.6	172078.0		-186180.3	-5316.5	133577.4		-181541.5	-5035.1	155532.3
51j	2-51j $N_{x\min}$	-185918.3	687.8	203165.5	8-52i $N_{x\min}$	-148604.0	7583.8	37234.8	14-1026j $N_{x\min}$	-150530.5	7296.5	41608.4
52i		-312145.0	-1290.5	299500.8		-325427.2	-11744.2	-71175.9		-328310.3	-12315.1	-93382.6
1026j		-179287.2	-5147.1	152676.5		-227361.9	-11156.8	184537.0		-232345.2	-11269.0	167232.5
51j	3-51j $M_{y\max}$	-167707.0	5903.0	244150.7	9-52i $M_{y\max}$	-168058.3	6938.7	240261.0	15-1026j $M_{y\max}$	-163446.3	7008.8	214406.7
52i		-307559.6	-3795.4	331510.0		-307594.7	-2994.1	343423.9		-309660.1	-5415.6	299505.1
1026j		-193926.6	-8201.5	233718.0		-193822.1	-8493.0	248273.7		-200578.3	-9513.6	261511.4
51j	4-51j $M_{y\min}$	-153789.4	6103.9	-23212.4	10-52i $M_{y\min}$	-153176.3	5077.8	-19158.7	16-1026j $M_{y\min}$	-159962.2	4144.7	1770.1
52i		-325438.5	-10452.7	-192070.9		-321416.8	-11364.7	-204568.5		-320514.1	-8198.1	-148554.2
1026j		-225839.1	-9440.7	106695.5		-226233.3	-9195.5	92904.7		-214238.6	-7480.3	75931.6
51j	5-51j $F_{z\max}$	-144445.5	11408.2	89431.6	11-52i $F_{z\max}$	-177531.6	6293.8	187830.6	17-1026j $F_{z\max}$	-183852.3	621.8	196469.2
52i		-318614.9	-9342.0	-9838.4		-314620.2	-825.5	272436.3		-310942.9	-1680.6	277090.6
1026j		-229372.6	-11608.4	210953.5		-191296.9	-7562.1	197656.5		-180102.0	-5335.0	144886.6
51j	6-51j $F_{z\min}$	-176179.5	-42.2	188333.1	12-52i $F_{z\min}$	-143093.4	5072.2	89934.0	18-1026j $F_{z\min}$	-141819.3	10992.1	56669.1
52i		-314366.9	-6676.3	241800.4		-318361.6	-15192.8	-40474.5		-318698.1	-10842.7	-60724.9
1026j		-191220.5	-6944.4	169209.3		-229296.2	-10990.7	182506.1		-232021.4	-11982.8	207216.8

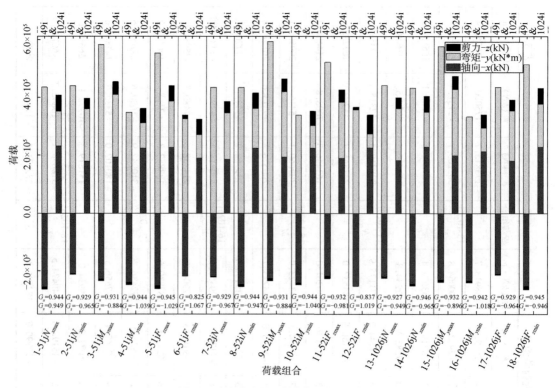

图 3.6　角隅节点最不利荷载组合边界条件

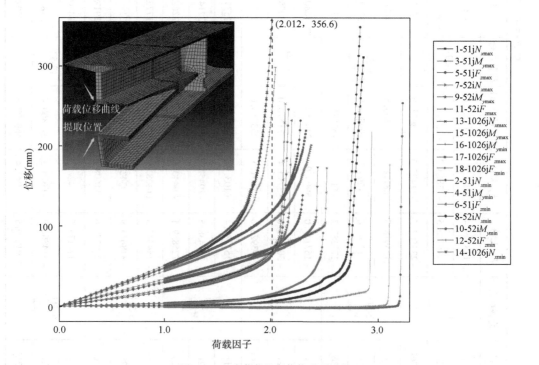

图 3.7　18 个荷载组合荷载-位移曲线

(2)上弦梁最大正弯矩组合 3-51j$M_{y\max}$ 与 9-52i$M_{y\max}$ 是梁拱组合节点最不利且起控制作用的荷载工况,极限承载因子为 2.012。

(3)极限承载力计算结果与《公路桥涵设计通用规范》(JTG D60—2015)基本一致,极限承载因子大于 1.4,并有一定的安全储备。

(4)从图 3.8 可以看出,角隅节点的破坏过程及破坏路径,即结构从上弦梁底板混凝土受拉破坏开始,随着荷载的增加,裂缝向上延伸,破坏面逐渐扩展至上弦腹板,最终上弦梁顶板达到极限压应力而压溃,结构破坏。角隅节点在弯矩最大工况下的破坏形态为典型的弯剪破坏。

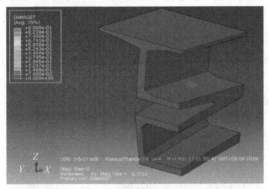
a)荷载因子=1.0

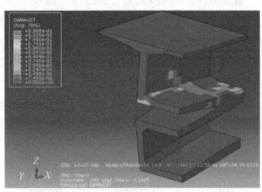
b)荷载因子=1.5

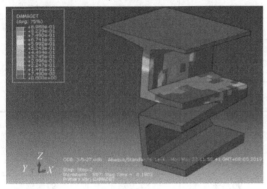
c)荷载因子=1.8

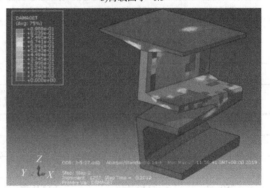
d)荷载因子=2

图 3.8 荷载组合 3-51j$M_{y\max}$ 不同荷载因子受拉损伤因子云图

3.3 梁拱结合段结构承载力分析

对于梁拱组合连续刚构桥的角隅节点而言,其构造形式、配筋配束、受力破坏模式都与一般构件有所区别,采用一般的计算方法很难准确计算其承载能力。梁拱组合连续刚构桥的角隅节点受力性能将直接影响结构设计的安全性。角隅节点的受力计算需要考虑材料非线性本构关系,建立精细化的有限元模型,一方面耗费大量的计算时间,另一方面也不利于工程人员实际应用。为此,本文提出一个基于工程设计常用参数的角隅节点承载力简化计算式。

3.3.1 角隅节点承载力拟合修正系数

角隅节点破坏模式主要是上弦杆发生弯剪破坏和拉弯破坏,而影响承载力的主要因素包括上下弦杆夹角、混凝土强度、钢筋强度、配筋率、配束率等。为便于应用,基于《公路钢筋混凝土及预应力混凝土桥涵设计规范》(JTG 3362—2018)的计算公式采用单一系数的方法来拟合其对极限承载能力的修正系数,从而提出承载力实用计算式。

在提出具体的拟合修正系数前,需要对所考虑的参数进行进一步筛选。筛选的主要标准是将参数对承载能力的影响拆分成对按《公路钢筋混凝土及预应力混凝土桥涵设计规范》(JTG 3362—2018)计算的标准构件承载能力的影响和对修正系数的影响。由于三角区上、下弦杆夹角对构件承载力本身没有影响,因此,直接将其归为对修正系数有明显影响的参数。各参数对修正系数的影响见表3.2~表3.5。

混凝土强度等级对各试件承载力影响分析 表3.2

混凝土强度等级	有限元(kN·m)	规范(kN·m)	f_1	f_2	f_2/f_1
C50	118730	103656	95.6%	99.8%	104.4%
C55	121483	103766	97.8%	99.9%	102.2%
C60	124237	103856	100.0%	100.0%	100.0%
C65	127801	103932	102.9%	100.1%	97.3%
C70	131366	103999	105.7%	100.1%	94.7%
C75	134931	104055	108.6%	100.2%	92.3%
C80	138496	104103	111.5%	100.2%	89.9%

钢筋型号对各试件承载力影响分析 表3.3

钢筋型号	有限元(kN·m)	规范(kN·m)	f_1	f_2	f_2/f_1
200	108206	86618	87.1%	83.4%	95.8%
235	111012	89757	89.4%	86.4%	96.7%
250	112214	91325	90.3%	87.9%	97.4%
300	116222	95506	93.5%	92.0%	98.3%
335	119027	98639	95.8%	95.0%	99.1%
400	124237	103856	100.0%	100.0%	100.0%
450	129246	108026	104.0%	104.0%	100.0%
500	134256	112192	108.1%	108.0%	100.0%
550	139265	116355	112.1%	112.0%	99.9%
600	144275	121034	116.1%	116.5%	100.4%

纵向钢筋配筋率对各试件承载力影响分析 表3.4

配筋率	有限元(kN·m)	规范(kN·m)	f_1	f_2	f_2/f_1
1.00%	100191	82683	80.6%	79.6%	98.7%
1.50%	107753	89351	86.7%	86.0%	99.2%

续上表

配筋率	有限元(kN·m)	规范(kN·m)	f_1	f_2	f_2/f_1
2.00%	115314	96010	92.8%	92.4%	99.6%
2.50%	124237	103856	100.0%	100.0%	100.0%
3.00%	128668	109301	103.6%	105.2%	101.6%
3.50%	134073	115934	107.9%	111.6%	103.4%
4.00%	139477	122557	112.3%	118.0%	105.1%
4.50%	144882	129172	116.6%	124.4%	106.7%
5.00%	150286	135778	121.0%	130.7%	108.1%

预应力钢束配束率对各试件承载力影响分析　　表3.5

配束率	有限元(kN·m)	规范(kN·m)	f_1	f_2	f_2/f_1
0.95%	88168	55322	71.0%	53.3%	75.1%
1.14%	95382	65066	76.8%	62.7%	81.6%
1.33%	102596	74792	82.6%	72.0%	87.2%
1.52%	109809	84498	88.4%	81.4%	92.1%
1.71%	117023	94187	94.2%	90.7%	96.3%
1.90%	124237	103856	100.0%	100.0%	100.0%
2.09%	131851	113506	106.1%	109.3%	103.0%
2.28%	139466	123138	112.3%	118.6%	105.6%
2.47%	147080	132752	118.4%	127.8%	108.0%
2.66%	154695	142346	124.5%	137.1%	110.1%
2.85%	162309	151922	130.6%	146.3%	112.0%

注：表3.2～表3.5中f_1、f_2为四舍五入结果，故f_2/f_1值与表中所列数据略有出入。

表3.2～表3.5中系数f_1代表有限元计算结果与标准试件有限元计算结果的比值，用于衡量对有限元计算结果的影响；f_2代表规范计算结果与标准试件规范计算结果的比值，用于衡量对规范计算结果的影响；f_2与f_1的比值是衡量该参数对修正系数影响程度的重要指标，该比值越接近1，则说明影响较小；越远离1，则说明影响越大。采用该系数的主要原因在于独立出规范计算结果相较于有限元计算结果存在的安全系数，只考虑上述四个参数对承载能力影响程度的修正。考虑到混凝土强度等级对承载能力的影响主要体现在混凝土抗拉强度的取值上，但混凝土构件的设计一般不考虑混凝土的抗拉能力，因此本文也偏向于不考虑这一因素。

最后选定拟合的参数为上下弦杆夹角、配筋率和配束率三个参数。

基于参数化有限元计算结果和规范计算公式，对角隅节点的极限承载力修正系数进行拟合，并利用约束条件下的最优化方法求解各贡献项系数，并比较实际效果。

$$M_{u2} = \eta M_u = \eta f_{cd}bx\left(h_0 - \frac{x}{2}\right) \qquad (3.14)$$

$$f_{sd}A_s + f_{pd}A_p - N_d = f_{cd}bx \tag{3.15}$$

$$\eta = a_\theta \tan\theta + a_p \rho_p + a_s \rho_s + a_0 \tag{3.16}$$

式中：M_{u2}——考虑上下弦杆夹角影响的构件角隅节点极限承载力；

M_u——常规抗弯构件的极限承载力；

η——考虑上下弦杆夹角影响的修正系数；

f_{cd}——混凝土抗压强度设计值；

b——受压区截面宽度；

x——混凝土受压区高度；

h_0——混凝土截面有效高度；

f_{sd}——受拉钢筋抗拉强度设计值；

A_s——受拉钢筋面积；

f_{pd}——预应力筋抗拉强度设计值；

A_p——预应力筋面积；

N_d——构件轴拉力；

θ——上下弦杆夹角；

ρ_p——配束率；

ρ_s——配筋率；

a_θ、a_p、a_s、a_0——待拟合系数。

为了统一修正系数经验公式中各参数的量纲，保证无量纲化，采取 $\tan\theta$ 的形式。基于精度即结构安全需要，采用如下数学模型：

$$\begin{cases} \min \sum_{i=1}^{m}(Y_i - y_i)^2 \\ \text{s.t.} \quad Y_i - y_i \geq 0 \end{cases} \tag{3.17}$$

式中：Y_i——第 i 个加载工程利用简化公式计算的承载力；

y_i——第 i 个加载工程利用有限元模拟计算的承载力；

m——拟合的加载工况总数。

3.3.2 承载力计算式拟合

梁拱组合连续刚构桥的角隅节点具有多个材性和构造参数特征，形成一个高维参数空间，具有若干特征参数的一个角隅节点试件对应的静力承载力表现为该高维空间中的一个高维点。节点承载力的拟合表达式本质上是高维空间中位于绝大部分数据点以下，且距离各数据点距离总和最近的超平面，因此，可简称为"最大超平面法"。

对于拟合过程中的有约束优化问题，最常见的做法就是设置罚函数（图3.9），以转化为无约束优化问题，再按照一般方法进行求解。本书采用外部罚函数的形式，在可行范围边界设置高高的"墙壁"，以保证所求解在可行范围内。

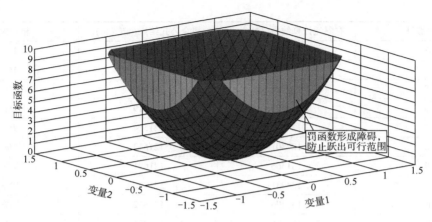

图 3.9　罚函数示意图

由此,可采用可行序列二次规划法进行求解:

$$\min \sum_{i=1}^{m}(Y_i - y_i)^2 + \mu(Y_i - y_i)^2 \tag{3.18}$$

当 $Y_i - y_i \geq 0$ 时,$\mu = 0$,否则,μ 为较大的惩罚因子,选为 1000。

可行序列二次规划法是成熟的数学方法,其将复杂的非线性约束最优化问题转化为比较简单的二次规划问题进行迭代求解,其优点是收敛性好、计算效率高、边界搜索能力强。利用上述方法最终得到修正系数:

$$\eta = -0.75\tan\theta - 25.6\rho_p - 2.8\rho_s + 1.93 \tag{3.19}$$

如图 3.10、图 3.11 和表 3.6 所示,采用上述拟合式和相关系数进行预测及误差分析,其结果与有限元计算结果对比,最大误差为 -13%,误差平均值为 -4%,总体来说,拟合式在具有一定安全保证率的前提下,较好地模拟了角隅节点的平均承载能力。

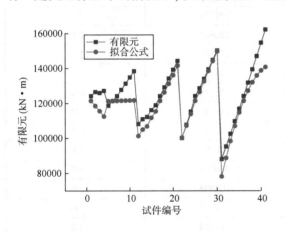

图 3.10　拟合效果

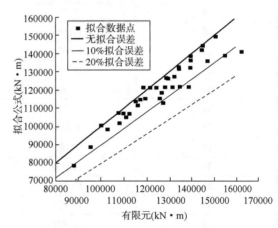

图 3.11　拟合误差散点图

角隅节点承载能力拟合结果对比表　　表 3.6

试件编号	有限元计算结果(kN·m)	拟合公式结果(kN·m)	相对误差
1	120115	121524	1%
2	118349	118581	0%

续上表

试件编号	有限元计算结果(kN·m)	拟合公式结果(kN·m)	相对误差
3	114816	115574	1%
4	111283	112495	1%
5	118730	121290	2%
6	121483	121419	0%
7	124237	121524	2%
8	127801	121613	5%
9	131366	121691	7%
10	134931	121756	10%
11	138496	121812	12%
12	108206	101354	6%
13	111012	105026	5%
14	112214	106861	5%
15	116222	111753	4%
16	119027	115419	3%
17	124237	121524	2%
18	129246	126403	2%
19	134256	131278	2%
20	139265	136149	2%
21	144275	141624	2%
22	100191	100430	0%
23	107753	107278	0%
24	115314	113929	1%
25	124237	121524	2%
26	128668	126641	2%
27	134073	132702	1%
28	139477	138568	1%
29	144882	144238	0%
30	150286	149714	0%
31	88168	78188	11%
32	95382	88795	7%
33	102596	98429	4%
34	109809	107093	3%
35	117023	114791	2%
36	124237	121524	2%
37	131851	127295	4%
38	139466	132108	5%
39	147080	135964	8%
40	154695	138867	10%
41	162309	140819	13%

3.4 梁拱结合段模型试验

3.4.1 模型试验设计

1. 模型设计

结合梁拱组合连续刚构桥三角区挖空率,角隅节点内部构造形式对角隅节点受力性能的影响等,针对A形隔板式结合构造(交汇式)模型、X形隔板式结合构造(挑板式)模型、变挖空率模型3种模型进行梁拱结合段模型试验。为便于角隅节点试件吊装、运输,在实验室场地内安装、固定,在试件的主体部分外设计了L形的台座,台座上设有锚孔,可利用锚杆与地面及反力墙稳固连接。

(1) A形隔板式结合构造(交汇式)模型

按实际桥梁结构进行缩尺,通过施加适当的边界条件及外荷载以反映实际桥梁中角隅节点的受力状态,并与其余模型进行对比。试件总长4.275m,上弦梁悬臂端部截面高度62.5cm,截面宽度223.125cm;下弦梁悬臂端部截面高度60cm,截面宽度112.5cm,如图3.12所示。

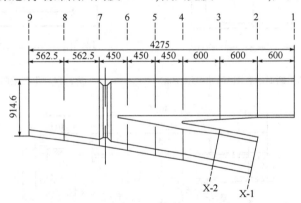

图 3.12 模型总体布置图(尺寸单位:mm)

由于上弦梁梁端加载处受力很大,为了防止加载面发生局部破坏,主梁加载端向内0.40m范围内的截面设计为实心箱形截面。具体尺寸见表3.7及图3.13~图3.15。

模型几何尺寸表　　　表3.7

截面编号	截面高度 H(mm)	底板宽度 D_1(mm)	底板厚度 B_1(mm)	顶板宽度 D_2(mm)	顶板厚度 B_2(mm)	双腹板厚度 T(mm)	截面面积 A(mm²)	面积比 A/A_0 (模/原)	惯矩比 I/I_0 (模/原)	模量比(下)	模量比(上)
1	625.00	1125.00	35.00	2231.25	100	100.00	6.95×10^6	1/64	1/4096	1.00	1.00
2	625.00	1125.00	35.00	2231.25	100	100.00	6.95×10^6	1/64	1/4096	1.00	1.00
3	655.25	1125.00	69.00	2231.25	100	100.00	7.81×10^6	1/64	1/4096	1.00	1.00
4	685.38	1125.00	95.38	2231.25	100	100.00	8.67×10^6	1/64	1/4096	1.00	1.00

续上表

截面编号	截面高度 H(mm)	底板宽度 D_1(mm)	底板厚度 B_1(mm)	顶板宽度 D_2(mm)	顶板厚度 B_2(mm)	双腹板厚度 T(mm)	截面面积 A(mm²)	面积比 A/A_0（模/原）	惯矩比 I/I_0（模/原）	模量比（下）	模量比（上）
5	1236.88	1125.00	101.88	2231.25	100	100.00	1.50×10^7	1/64	1/4096	1.00	1.00
6	1154.00	1125.00	101.50	2231.25	100	100.00	1.27×10^7	1/64	1/4096	1.00	1.00
7	1077.50	1125.00	101.25	2231.25	100	100.00	1.07×10^7	1/64	1/4096	1.00	1.00
8	991.25	1125.00	101.00	2231.25	63	62.50	8.71×10^6	1/64	1/4096	1.00	1.00
9	914.63	1125.00	100.75	2231.25	63	62.50	8.48×10^6	1/64	1/4096	1.00	1.00
X-1	600.00	1125.00	75.00	1125.00	75	75.00	6.09×10^6	1/64	1/4096	1.00	1.00
X-2	600.00	1125.00	75.00	1125.00	75	75.00	7.81×10^6	1/64	1/4096	1.00	1.00

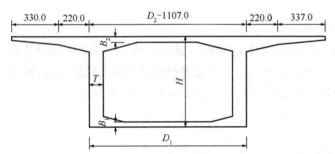

图 3.13 模型上弦梁断面示意图（尺寸单位：mm）

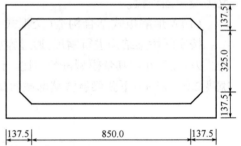

图 3.14 下弦梁断面示意图（尺寸单位：mm）

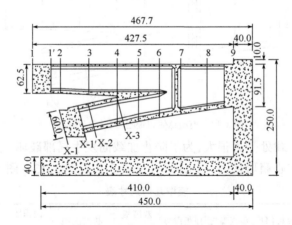

图 3.15 试件剖面图（尺寸单位：mm）

（2）X形隔板式结合构造（挑板式）模型

在交汇式模型的基础上通过改变角隅节点内部构造形式来研究不同节点构造形式对角隅节点受力性能的影响。挑板式模型与交汇式模型整体尺寸相同（图 3.12），角隅节点构造不同。由于上弦梁梁端加载处受力很大，为了防止加载面发生局部破坏，主梁加载端向内 0.40m 范围内的截面设计为实心箱形截面。具体尺寸见表 3.8 及图 3.13、图 3.14、图 3.16。

模型几何尺寸表   表 3.8

截面编号	截面高度 H(mm)	底板宽度 D_1(mm)	底板厚度 B_1(mm)	顶板宽度 D_2(mm)	顶板厚度 B_2(mm)	双腹板厚度 T(mm)	截面面积 A(mm²)	面积比 A/A_0（模/原）	惯矩比 I/I_0（模/原）	模量比（下）	模量比（上）
1	625.00	1125.00	35.00	2231.25	100	100	6.95×10^6	1/64	1/4096	1.00	1.00
2	625.00	1125.00	35.00	2231.25	100	100	6.95×10^6	1/64	1/4096	1.00	1.00
3	655.25	1125.00	69.00	2231.25	100	100	7.81×10^6	1/64	1/4096	1.00	1.00
4	685.38	1125.00	95.38	2231.25	100	100	8.67×10^6	1/64	1/4096	1.00	1.00
5	1236.88	1125.00	101.88	2231.25	100	100	1.50×10^7	1/64	1/4096	1.00	1.00
6	1154.00	1125.00	101.50	2231.25	100	100	1.27×10^7	1/64	1/4096	1.00	1.00
7	1077.50	1125.00	101.25	2231.25	100	100	1.07×10^7	1/64	1/4096	1.00	1.00
8	991.25	1125.00	101.00	2231.25	63	62.5	8.71×10^6	1/64	1/4096	1.00	1.00
9	914.63	1125.00	100.75	2231.25	63	62.5	8.48×10^6	1/64	1/4096	1.00	1.00
X-1	600.00	1125.00	100	1125.00	100	100	6.09×10^6	1/64	1/4096	1.00	1.00
X-2	600.00	1125.00	100	1125.00	100	100	7.81×10^6	1/64	1/4096	1.00	1.00

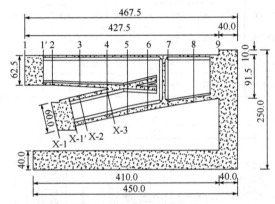

图 3.16 试件剖面图（尺寸单位：mm）

(3) 变挖空率模型

在交汇式模型的基础上改变下弦梁的线形，模拟三角区挖空率变化，研究挖空率对角隅节点受力性能的影响，如图 3.17 所示。

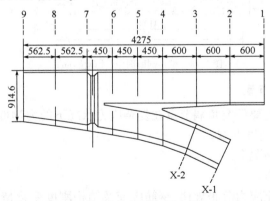

图 3.17 模型总体布置图（尺寸单位：mm）

由于上弦梁梁端加载处受力很大,为了防止加载面发生局部破坏,主梁加载端向内0.40m范围内的截面设计为实心箱形截面。具体尺寸见表3.9及图3.13、图3.14、图3.18。

模型几何尺寸表　　　　　　　　　　　　　　　　　　　　　　　　　　　　　　　表3.9

截面编号	截面高度 H(mm)	底板宽度 D_1(mm)	底板厚度 B_1(mm)	顶板宽度 D_2(mm)	顶板厚度 B_2(mm)	双腹板厚度 T(mm)	截面面积 A(mm²)	面积比 A/A_0 (模/原)	惯矩比 I/I_0 (模/原)	模量比 (下)	模量比 (上)
1	625.00	1125.00	35.00	2231.25	100	100.00	6.95×10^6	1/64	1/4096	1.00	1.00
2	625.00	1125.00	35.00	2231.25	100	100.00	6.95×10^6	1/64	1/4096	1.00	1.00
3	655.25	1125.00	69.00	2231.25	100	100.00	7.81×10^6	1/64	1/4096	1.00	1.00
4	685.38	1125.00	95.38	2231.25	100	100.00	8.67×10^6	1/64	1/4096	1.00	1.00
5	1236.88	1125.00	101.88	2231.25	100	100.00	1.50×10^7	1/64	1/4096	1.00	1.00
6	1154.00	1125.00	101.50	2231.25	100	100.00	1.27×10^7	1/64	1/4096	1.00	1.00
7	1077.50	1125.00	101.25	2231.25	100	100.00	1.07×10^7	1/64	1/4096	1.00	1.00
8	991.25	1125.00	101.00	2231.25	63	62.50	8.71×10^6	1/64	1/4096	1.00	1.00
9	914.63	1125.00	100.75	2231.25	63	62.50	8.48×10^6	1/64	1/4096	1.00	1.00
X-1	600.00	1125.00	75.00	1125.00	75	75.00	6.09×10^6	1/64	1/4096	1.00	1.00
X-2	600.00	1125.00	75.00	1125.00	75	75.00	7.81×10^6	1/64	1/4096	1.00	1.00

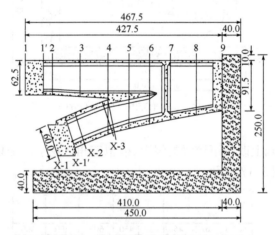

图3.18　试件剖面图(尺寸单位:mm)

2.测试内容与测点布置

角隅节点模型试验主要研究角隅节点在复杂应力状况下的力学性能,测试内容如下:
①加载过程的荷载-挠度曲线。
②裂缝及变形破坏情况等。
③结构的极限承载力。

为了摸清模型混凝土应力分布规律、钢筋应变及结构刚度变化情况,进行下列测试,并布设相应测点。

(1)混凝土应变

全模型共布置混凝土应变测点29个,顶底板混凝土应变片9个,腹板测点共20个,如图3.19、图3.20所示。

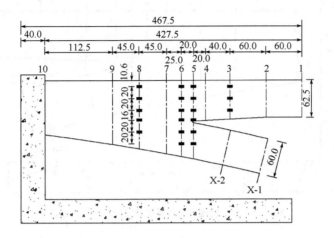

图3.19 模型侧面应变花(片)布置图(尺寸单位:mm)

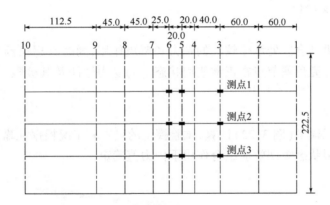

图3.20 模型顶板应变片布置图(尺寸单位:mm)

(2)挠度

为研究模型结构的空间受力特征,全模型选取上弦梁截面1个,下弦梁截面3个,共4个挠度测量断面,在每个测试断面左右均放置直线位移计,共计8个直线位移计。模型挠度位置布置见图3.21。

3. 试验设备与加载方案

采用等效载荷时,荷载数量根据模型与设计的相似关系由荷载相似原则确定。活载能以静力荷载模拟,其加载图式根据结构的影响线确定。

(1)加载及观测设备

本次试验反力架采用SERVOTEST静力反力架及加载系统,加载装置采用液压数控加载机,千斤顶采用200t液压千斤顶。

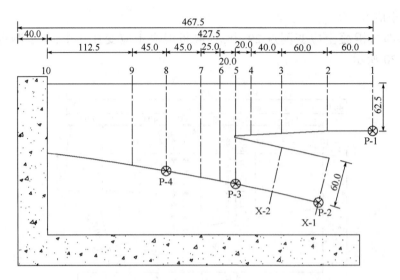

图 3.21　模型挠度位置布置示意图(尺寸单位:mm)

(2)量测仪器

采用的数字散斑设备是 VIC-3D 非接触全场应变测量系统,设备型号是 VIC-3D HR,摄像镜头分辨率为 2448×2048。

(3)加载方案

角隅节点在梁拱结合段处承受较大的轴力和弯矩作用,同时有超长预应力钢束在此交叉锚固,受力复杂,为探究角隅节点在正常使用状态下的受力性能及其极限承载能力,试验设计 2 个荷载工况:

①弯矩最大工况。

通过整体有限元模型(图 3.22)计算,试验模型的最不利工况根据礼嘉嘉陵江大桥角隅节点节段正常使用极限状态短期效应组合作用下内力值确定。

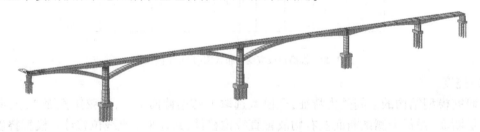

图 3.22　重庆礼嘉嘉陵江大桥全桥模型

试验主要考虑正常使用极限状态下,荷载条件的应力水平及应力分布情况,具体考虑三种荷载工况:

a.角隅节点位置出现最大正负弯矩;

b.角隅节点位置出现最大正负轴力;

c.角隅节点位置出现最大正负剪力。

确定节点截面最大正弯矩工况作为最不利荷载工况,考虑的荷载组合为:结构重力 + 预应力 + 收缩徐变 + 整体降温 20℃ + 正温度梯度 + 车道荷载 + 人群荷载。提取该截面内力,由相似准则可知试验模型节点截面控制内力,从而计算得到加载荷载大小。角隅节点截面最不利荷载工况内力值见表3.10。

角隅节点截面最不利荷载工况内力值　　　　表3.10

极值情况	轴力(kN)	剪力(kN)	弯矩(kN·m)
轴力最大	−281557.45	2591.16	244459.16
轴力最小	−295520.97	1654.66	233598.48
剪力最大	−291448.12	4343.51	321372.71
剪力最小	−286217.11	−415.29	181918.87
弯矩最大	−284155.36	3005.52	322736.18
弯矩最小	−293504.74	1309.05	157634.55

分析表3.10中数据可知,角隅节点截面各极值条件下的轴力变化不大,弯矩和剪力符号基本保持不变。为简化加载过程,试验仅考虑最大弯矩工况进行加载。试件的缩尺比为1:8,根据原结构截面内力换算得到试件节点截面控制内力。为保证角隅节点的受力状态与实桥一致,在试件的主体部分外设计了L形的台座,台座上设有锚孔,利用锚杆与地面及反力墙稳固连接,从而模拟一侧固定的边界条件;试验过程中,利用穿心千斤顶张拉偏心体外预应力筋,从而施加轴向力与截面弯矩,利用液压千斤顶施加竖向剪力及弯矩,从而实现加载。角隅节点截面,即试件上、下弦连接截面,其控制内力由最大弯矩工况下实桥截面内力根据缩尺比换算得到,详见表3.11。

角隅节点截面控制内力　　　　表3.11

截面内力	F_x(kN)	F_z(kN)	M_y(kN·m)
弯矩最大工况	−4439.93	46.96	630.34

为了使模型试验荷载图式同原型实际荷载尽量相符,试验中将模型一期恒载配重、二期恒载、活载等分布荷载以下列形式荷载施加。

a. 梁端集中力。

通过控制等效截面内力相等的原则将均布荷载等效为施加在模型端部的集中力荷载。模型端部集中力用张拉体外预应力筋、千斤顶加载的方式来模拟。

b. 恒载补偿配重。

恒载配重的目的是模拟主梁自重,使自重荷载满足相似比要求。通过在试验梁上施加均布荷载实现。

c. 等效车辆荷载。

模拟实际结构中车道荷载集中力作用,通过在试验梁上施加均布荷载实现。

根据角隅节点截面控制内力计算试验模型上、下弦梁的加载力,结果见表3.12。

试验模型加载数值　　　　表3.12

截面内力	上弦截面	下弦截面
F_x(kN)	672.35	2368.36
F_z(kN)	187.54	105.60
M_y(kN·m)	100.85	94.73

通过实桥的整体杆系模型计算与结合段实体有限元计算,确保结合段模型试验的受力条件与实际工程一致,模型加载如图3.23所示。在加载端与固定端台座位置与实桥的受力条件有所区别,但对于试验着重考察的结合段区域没有影响。

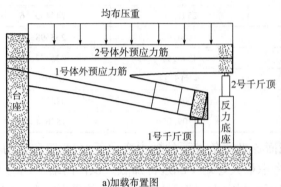
a)加载布置图

b)加载现场

图3.23 弯矩最大工况下模型加载示意图

为准确采集应变及挠度数据,考察其随着荷载增加的变化趋势,同时为了保证加载的安全,对模型试件进行分级加载。将最不利工况对应的加载力分为10级进行加载,具体加载分级见表3.13~表3.15。

体外束张拉力分级表(单位:kN) 表3.13

荷载等级	1	2	3	4	5	6	7	8	9	10
1号钢绞线	5.0	150.0	225.0	299.9	374.9	449.9	524.9	599.9	674.9	749.8
2号钢绞线	243.7	487.4	731.1	974.8	1218.5	1462.2	1705.9	1949.6	2193.3	2437.0

竖向千斤顶加载分级表(单位:kN) 表3.14

荷载等级	1	2	3	4	5	6	7	8	9	10
1号顶	16.0	32.0	48.0	64.0	80.0	96.0	112.0	128.0	144.0	160.0
2号顶	10.0	20.0	30.0	40.0	50.0	60.0	70.0	80.0	90.0	100.0

压重分级表(单位:kN) 表3.15

荷载等级	1	2	3	4	5	6	7	8	9	10
加载力	38.7	77.4	117.0	155.7	194.4	233.1	271.8	311.4	350.1	388.8

②破坏工况。

撤去上下弦千斤顶,在上下弦之间安置千斤顶进行加载,直至结构破坏。模型加载见图3.24。

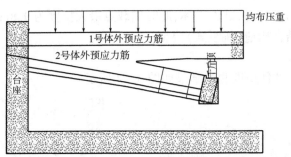

a) 加载布置图

b) 加载现场

图 3.24　破坏工况下模型加载示意图

3.4.2　试验结果分析

1. 荷载-挠度曲线

(1) A 形隔板式结合构造(交汇式)模型

①弯矩最大工况。

弯矩最大工况下，试件挠度测试结果如图 3.25 所示。

由图 3.25 可知，试件左右侧测点挠度相近，试件整体受力良好，可不考虑偏心受力作用。测点 1 最大挠度约为 10.6mm，测点 2 最大挠度约为 6.3mm，测点 3 最大挠度约为 4.2mm，测点 4 最大挠度约为 2.8mm，挠度方向均竖直向上，且挠度值自悬臂自由端向固结端递减。随着荷载等级的增加，挠度呈线性增大的趋势，说明试件结构始终处于弹性工作状态。

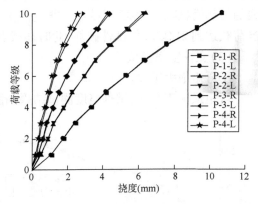

图 3.25　荷载等级-挠度曲线图

②破坏工况。

在完成正常使用工况加载后进行试件的破坏工况加载，在角隅节点试件的上、下弦梁中间布置千斤顶进行加载，加载点的荷载-挠度曲线如图 3.26 所示。由图 3.26 可知，在加载初期，试件加载点荷载-挠度曲线近似为直线，表明试件处于弹性状态；当荷载达到 100kN 时，荷载-挠度曲线的斜率明显减小，表明试件进入非线性受力状态，随着荷载等级的增大，试件挠度迅速增大,当荷载达到211kN时,试件破坏,此时加载点最大挠度为9.8mm。

(2)X形隔板式结合构造(挑板式)模型

①弯矩最大工况。

弯矩最大工况下,试件挠度测试结果如图3.27所示。

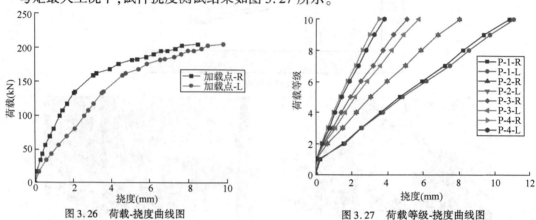

图3.26 荷载-挠度曲线图　　图3.27 荷载等级-挠度曲线图

由图3.27可知,试件左右侧测点挠度相近,试件整体受力良好,可不考虑偏心受力作用。测点1最大挠度约为11.1mm,测点2最大挠度约为8.0mm,测点3最大挠度约为5.7mm,测点4最大挠度约为3.8mm,挠度方向均竖直向上,且挠度值自悬臂自由端向固结端递减。随着荷载等级的增加,挠度呈线性增大的趋势,说明试件结构始终处于弹性工作状态。

②破坏工况。

在完成正常使用工况加载后进行试件的破坏工况加载,在角隅节点试件的上、下弦梁中间布置千斤顶进行加载,加载点的荷载-挠度曲线如图3.28所示。可见,在加载初期,试件加载点荷载-挠度曲线近似为直线,表明试件处于弹性状态;当荷载达到约120kN时,荷载-挠度曲线的斜率明显减小,表明试件进入非线性受力状态,随着荷载等级的增大,试件挠度迅速增大,当荷载达到214kN时,试件破坏,此时加载点最大挠度为6.0mm。

(3)变挖空率模型

①弯矩最大工况。

弯矩最大工况下,试件挠度测试结果如图3.29所示。

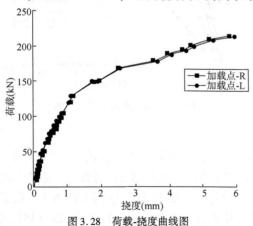

图3.28 荷载-挠度曲线图　　图3.29 荷载等级-挠度曲线图

由图 3.29 可知,试件左右侧测点挠度相近,试件整体受力良好,可不考虑偏心受力作用。测点 1 最大挠度约为 7.7mm,测点 2 最大挠度约为 6.2mm,测点 3 最大挠度约为 3.6mm,测点 4 最大挠度约为 2.2mm,挠度方向均竖直向上,且挠度值自悬臂自由端向固结端递减。随着荷载等级的增加,挠度呈线性增大的趋势,说明试件结构始终处于弹性工作状态。

②破坏工况。

在完成正常使用工况加载后进行试件的破坏工况加载,在角隅节点试件的上、下弦梁中间布置千斤顶进行加载,加载点的荷载-挠度曲线如图 3.30 所示。由图 3.30 可知,在加载初期,试件加载点荷载-挠度曲线近似为直线,表明试件处于弹性状态;当荷载达到约 100kN 时,荷载-挠度曲线的斜率明显减小,表明试件进入非线性受力状态。随着荷载等级的增大,试件挠度迅速增大,当荷载达到 198kN 时,试件破坏,此时加载点最大挠度为 17.4mm。

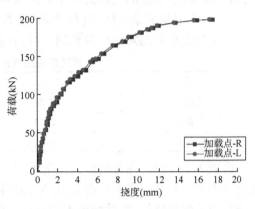

图 3.30 荷载-挠度曲线图

2. 试件应力状态

(1) A 形隔板式结合构造(交汇式)模型

顶板测点布置如图 3.20 所示。测点 1、测点 3 位于截面腹板位置,测点 2 位于截面中心线位置。顶板测点测试值如表 3.16 所示。

试件顶板测点顺桥应力测试值(单位:MPa)　　　　　　　　　表 3.16

位置	截面 3	截面 5	截面 6
测点 1	-5.01	-8.26	-14.64
测点 2	-4.35	-11.13	-13.71
测点 3	-6.17	-9.25	-14.90

由表 3.16 可知,在弯矩最大工况下,各截面顶板均处于受压状态,完成分级加载后,最大压应力为 14.90MPa,位于截面 6,接近顶板束锚固位置;最小压应力为 4.35MPa,位于截面 3。同一截面上的三个测点的测试值表现为腹板位置测点 1、测点 3 压应力值普遍大于测点 2 压应力值,该现象可能是剪力滞效应导致的。

腹板测试截面共 4 个,每个截面有 3~6 个测点,共 20 个测点。在截面 5、6 布置应变花,截面 3、8 布置单向应变片,如图 3.19 所示。

腹板测点最大测试值如表 3.17 所示。

试件腹板测点应力测试值(单位:MPa)　　　　　　　　　　　表 3.17

位置	截面 3	截面 5	截面 6	截面 8
测点 1	-5.57	-6.09	-3.30	-4.35
测点 2	-3.33	-8.51	-5.13	-5.42
测点 3	-4.00	-11.81	-15.03	-6.43
测点 4	—	-13.48	-7.13	-7.80
测点 5	—	-27.81	-6.90	-7.42
测点 6	—	-18.36	-8.10	—

在弯矩最大工况下,试件各截面腹板第三主应力均为压应力,最大压应力为27.81MPa,出现在截面5测点5,而与之相接近的测点6压应力仅为18.36MPa,测点位于角隅节点位置附近而存在应力集中。在同一荷载等级下,角隅节点附近截面应力较大,向固定端与悬臂端方向减小;同一截面上,上弦测点应力小于下弦测点应力,由顶板方向向底板方向递减。

(2) X形隔板式结合构造(挑板式)模型

应变测点分布与对比试件相同,顶板各测点的测试值如表3.18所示。

试件顶板测点顺桥应力测试值(单位:MPa)　　　　　　　　　　　表3.18

位置	截面3	截面5	截面6
测点1	−3.28	−11.20	−12.98
测点2	−2.17	−12.25	−10.81
测点3	−4.12	−11.33	−12.66

由表3.18可知,在弯矩最大工况下,各截面顶板均处于受压状态,完成分级加载后,最大压应力为12.98MPa,位于截面6,接近顶板束锚固位置;最小压应力为2.17MPa,位于截面3。随着荷载等级的增加,各截面测点的压应力值均呈现增大的趋势。同一截面上的三个测点的测试值表现为腹板位置测点1、测点3压应力值普遍大于测点2压应力值,猜测该现象是剪力滞效应导致的。

腹板各测点的测试值如表3.19所示。

试件腹板测点应力测试值(单位:MPa)　　　　　　　　　　　表3.19

位置	截面3	截面5	截面6	截面8
测点1	−4.63	−3.27	−3.98	−4.35
测点2	−5.51	−21.44	−3.47	−5.42
测点3	−4.00	−15.08	−15.35	−6.43
测点4		−16.32	−7.47	−7.80
测点5	—	−21.85	−6.18	−7.42
测点6		−7.07	−5.95	—

从表3.19看,在弯矩最大工况下,试件各截面腹板第三主应力均为压应力,最大压应力为21.85MPa,出现在截面5测点5,与之相邻近的测点2压应力为21.44MPa,猜测是由于测点位于角隅节点位置附近而存在应力集中。在同一荷载等级下,角隅节点附近截面应力较大,向固定端与悬臂端方向减小;同一截面上,上弦测点应力小于下弦测点应力,由顶板方向向底板方向递减。

(3) 变挖空率模型

应变测点分布与对比试件相同,顶板各测点的测试值如表3.20所示。

试件顶板测点顺桥应力测试值(单位:MPa)　　　　　　　　　　　表3.20

位置	截面3	截面5	截面6
测点1	−6.30	−10.72	−12.25
测点2	−4.23	−13.22	−11.95
测点3	−6.72	−10.73	−12.17

由表 3.20 可知,在弯矩最大工况下,各截面顶板均处于受压状态,完成分级加载后,最大压应力为 13.22MPa,位于截面 5;最小压应力为 4.23MPa,位于截面 3。随着荷载等级的增加,各截面测点的压应力值均呈现增大的趋势。同一截面上的三个测点的测试值表现为腹板位置测点 1、测点 3 压应力值普遍大于测点 2 压应力值,猜测该现象是剪力滞效应导致的。

腹板各测点的测试值如表 3.21 所示。

试件腹板测点应力测试值(单位:MPa)　　　　表 3.21

测点	截面3	截面5	截面6	截面8
测点1	-4.34	-4.53	-2.64	-4.46
测点2	-6.25	-8.65	-4.59	-4.70
测点3	-2.98	-18.38	-20.42	-7.36
测点4	—	-16.30	-6.96	-8.35
测点5	—	-19.98	-6.45	-10.14
测点6	—	-9.93	-9.77	—

由表 3.21 可知,在弯矩最大工况下,试件各截面腹板第三主应力均为压应力,最大压应力为 20.42MPa,出现在截面 6 测点 3,与之相接近的截面 5 测点 3 压应力为 18.38MPa,猜测是由于测点位于角隅节点位置附近而存在应力集中。在同一荷载等级下,角隅节点附近截面应力较大,向固定端与悬臂端方向减小;同一截面上,上弦测点应力小于下弦测点应力,由顶板方向向底板方向递减。

3. 试件破坏形态

(1) A 形隔板式结合构造(交汇式)模型

破坏工况加载时利用 VIC-3D HR 设备对试件进行裂缝观测。加载过程中各荷载分级对应的裂缝分布及裂缝宽度如图 3.31 所示。

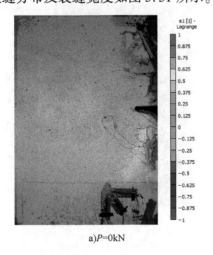

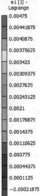

a) $P=0$kN　　　　　　　　　　　b) $P=20$kN

图　3.31

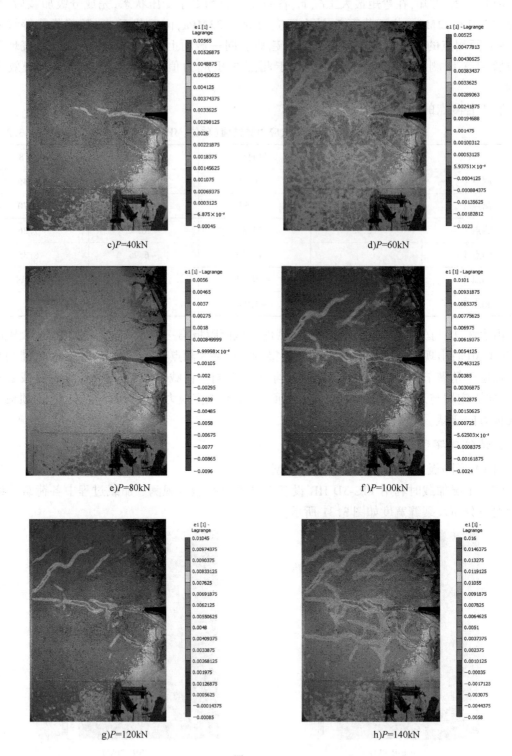

图 3.31

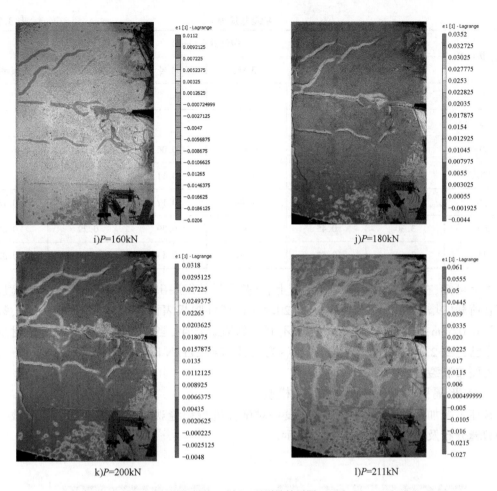

i)P=160kN j)P=180kN

k)P=200kN l)P=211kN

图 3.31 破坏工况裂缝扩展图

在加载过程中对裂缝宽度进行测量,腹板裂缝最终分布如图 3.32 所示,破坏工况加载时裂缝宽度的变化如表 3.22 所示。

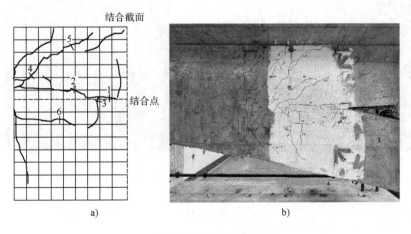

a) b)

图 3.32 裂缝分布图

裂缝宽度表　　　　　　　　　　　　表3.22

荷载等级(kN)	裂缝分布(mm)					
	1号	2号	3号	4号	5号	6号
0						
20	0.10	0.02				
80	0.42	0.10	0.08	0.06	0.02	
120	1.68	0.16	0.21	0.11	0.11	
160	2.10	0.32	0.44	0.17	0.21	0.18
200	3.30	0.45	1.47	0.39	0.29	0.25
211	3.68	0.52	2.10	0.43	0.38	0.32

由上可知,在加载初期,试件仅沿着上、下弦交界处发展出一条主要裂缝,裂缝的宽度与长度随着荷载的增加而增加;当荷载达到20kN时,试件腹板表面有细微的斜裂缝产生,裂缝宽度约为0.02mm;随着荷载等级的增加,不断有新裂缝产生,当荷载等级达到160kN时最大裂缝宽度已达到2.10mm,位于1号测宽点;当荷载达到211kN时,裂缝宽度达到3.68mm,试件腹板表面布满裂缝。

(2)X形隔板式结合构造(挑板式)模型

破坏工况加载时利用VIC-3D HR设备对试件进行裂缝观测。加载过程中各荷载分级对应的裂缝分布及裂缝宽度如图3.33所示。

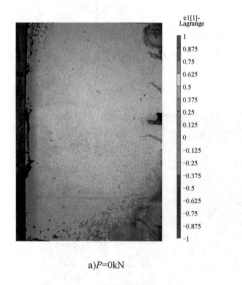

a)P=0kN　　　　　　　　　　　b)P=20kN

图　3.33

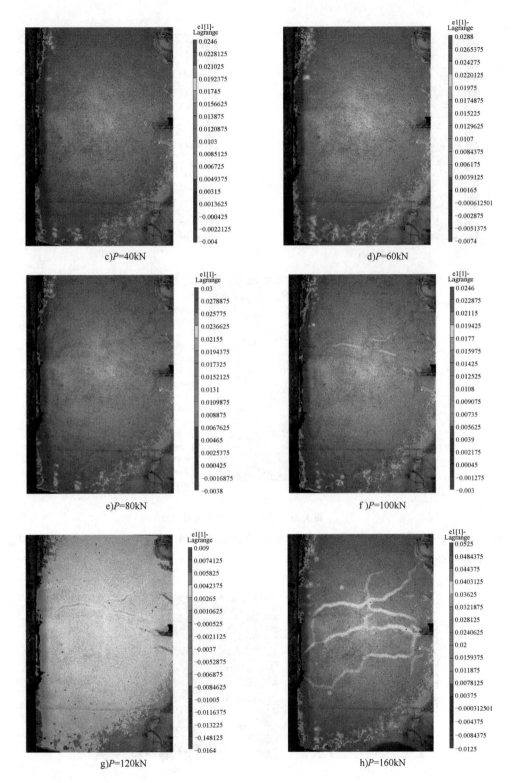

图 3.33

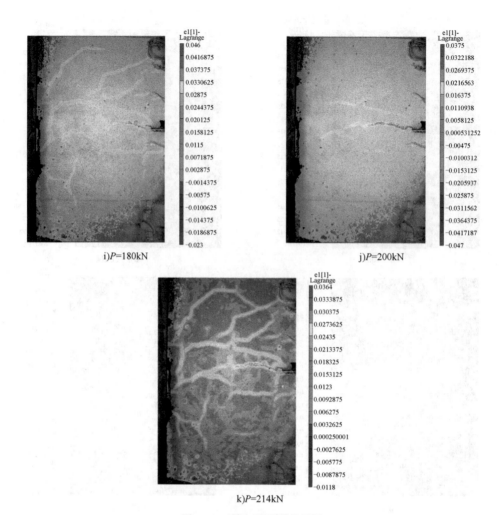

图 3.33 破坏工况裂缝扩展图

在加载过程中对裂缝宽度进行测量,腹板裂缝最终分布如图 3.34 所示,破坏工况加载时裂缝宽度的变化如表 3.23 所示。

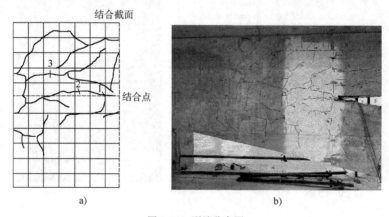

图 3.34 裂缝分布图

裂缝宽度表 表3.23

荷载等级(kN)	裂缝分布(mm)		
	1号	2号	3号
0			
20	0.02		
80	0.12	0.03	0.03
100	0.22	0.10	0.04
160	0.97	0.58	0.18
200	1.56	1.36	0.39
214	1.95	1.75	0.49

由表3.23可知,当荷载达到20kN时试件开裂,在上、下弦交界面产生细微裂缝,宽度为0.02mm;当荷载达到100kN时,试件上、下弦交界面上方有密集的斜裂缝产生,最大裂缝宽度已达到0.22mm;随着荷载等级的增加,不断有新裂缝产生,其中由上、下弦交界面发展出来的横向裂缝长度最长、宽度最宽;当荷载达到214kN时,最大裂缝宽度达到1.95mm。

(3)变挖空率模型

破坏工况加载时利用VIC-3D HR设备对试件进行裂缝观测。加载过程中各荷载等级对应的裂缝分布及裂缝宽度如图3.35所示。

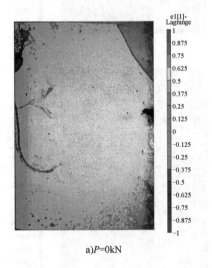

a) $P=0$ kN   b) $P=20$ kN

图 3.35

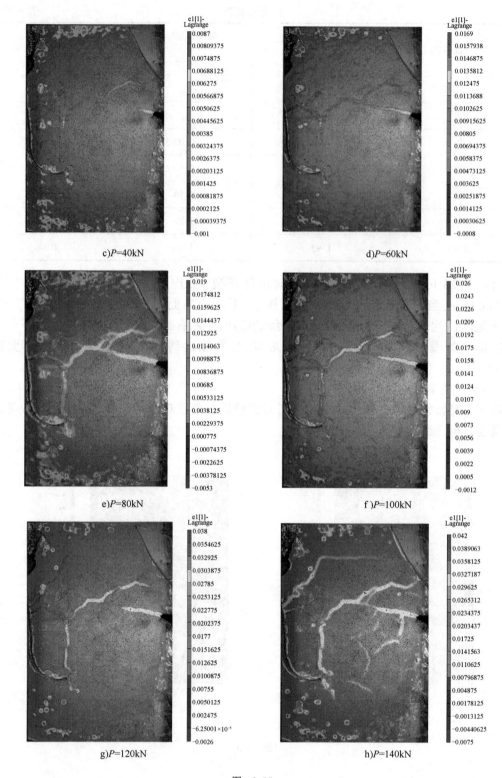

图 3.35

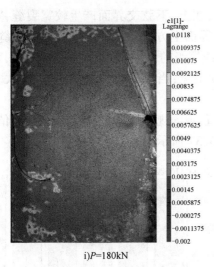
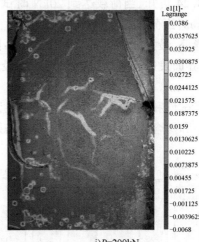

i) $P=180kN$ j) $P=200kN$

图 3.35　破坏工况裂缝扩展图

在加载过程中对裂缝宽度进行测量,腹板裂缝最终分布如图 3.36 所示,破坏工况加载时裂缝宽度的变化如表 3.24 所示。

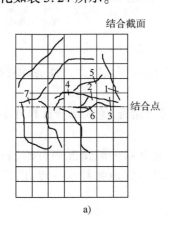
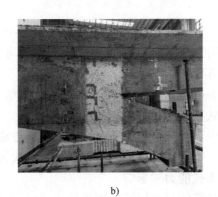

a)　　　　　　　　　　　　　　b)

图 3.36　裂缝分布图

裂缝宽度表　　表 3.24

荷载等级 (kN)	裂缝分布(mm)						
	1号	2号	3号	4号	5号	6号	7号
0							
20	0.23						
40	0.24	0.11	0.08	0.04			
80	0.40	0.24	0.28	0.07	0.13		
120	0.82	0.42	0.44	0.15	0.33	0.46	
180	1.45	0.62	0.72	0.39	0.99	1.04	
198	3.80	0.95	1.11	0.61	1.50	1.57	0.60

由表 3.24 可知,当荷载达到 20kN 时试件开裂,在上、下弦交界面产生较宽裂缝,宽度已达到 0.23mm;当荷载达到 40kN 时,试件上、下弦交界面上方有沿试件纵向的横向裂缝产生,除 1 号裂缝外,最大裂缝宽度约为 0.11mm;随着荷载等级的增加,不断有新裂缝产生,其中由上、下弦交界面发展出来的横向裂缝长度最长、宽度最宽;当荷载达到 198kN 时,最大裂缝宽度达到 3.80mm。

将 1 号试件和 4 号试件的试验值、有限元计算值、中国规范计算值、欧洲规范计算值、美国规范计算值和拟合公式计算值进行比较,结果如图 3.37 所示。

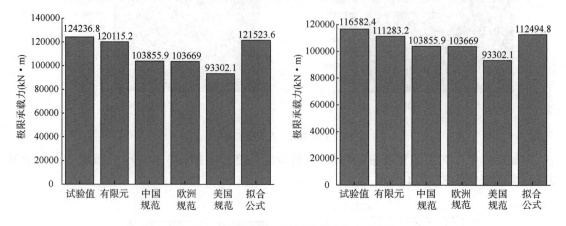

图 3.37　1 号试件和 4 号试件的承载能力对比图

可见,采用拟合式估计承载能力可以更好地考虑角隅节点的受力性能,得到更为接近试验值和有限元计算结果的取值。

上述分析表明:拟合式具有理想的精度和包络安全储备,绝大部分计算样本点考虑单向正偏差的修正等效后具有 5% 以内的拟合误差精度。

已有规范中各类预应力混凝土构件的验算方法是针对一般情况而言的,缺少对角隅节点特殊性的考虑。本研究所提出的修正系数计算式可以很好地弥补这一点,以尽可能衡量近角隅节点对构件承载能力的影响。

修正系数计算式具有以下适用条件:

①结构形式为上下弦分离,由实腹段和空腹段组成,并设置有固结中墩的梁拱组合连续刚构桥;

②上部结构混凝土强度等级在 C50~C80 范围内;

③上下弦夹角在 15°~21° 范围内,节点不采取额外加强的构造形式;

④构件配筋率在 5% 以下,配束率在 3% 以下;

⑤角隅节点在短期荷载下出现最大正弯矩的最不利工况。

第4章

梁拱组合连续刚构桥结构设计

在理论分析、试验研究及重庆礼嘉嘉陵江大桥建设实践的基础上,结合现行标准,形成梁拱组合连续刚构桥设计要点,其他未提及的设计原则与常规连续刚构桥相同。

4.1 桥用材料选用

桥梁结构材料的特性、制备质量、耐久性能等对保证结构受力安全、长期耐久十分重要。梁拱组合连续刚构桥各部分构件的混凝土材料强度等级、强度标准值、强度设计值、弹性模量、剪切模量,可按现行《公路钢筋混凝土及预应力混凝土桥涵设计规范》(JTG 3362)的推荐取用。上部结构混凝土强度等级不宜低于C50,且采用高性能混凝土。梁拱组合连续刚构桥采用的普通钢筋与预应力钢筋种类、设计强度、标准强度和弹性模量,可按现行《公路钢筋混凝土及预应力混凝土桥涵设计规范》(JTG 3362)的推荐取用,其力学及化学指标须符合现行《公路钢结构桥梁设计规范》(JTG D64)、《桥梁用结构钢》(GB/T 714)的要求。

4.2 设计计算基本要求

4.2.1 设计原则

针对梁拱组合连续刚构桥特点,在桥梁设计基本原则的基础上,还应遵循下列原则:

(1)梁拱组合连续刚构桥纵桥向上弦梁、上弦梁与下弦拱汇合处的梁拱结合段、常规梁段均应按全预应力混凝土构件设计。

(2)横桥向上弦梁及上弦梁与下弦拱结合段、常规梁段顶板按预应力混凝土 A 类构件的要求设计。

(3)下弦拱按钢筋混凝土小偏心受压构件进行设计。

4.2.2 上弦梁设计计算

上弦梁横向计算中主梁标准梁段按框架模型计算(图4.1)或采用空间模型计算。横向分析建模时,对箱梁纵向取一个单位长度,顶板、底板及腹板均按照梁单元布置,荷载施加于框架,底板两端施加约束,必要时可以进行模型试验验证。梁拱组合连续刚构桥标准梁段通常采用箱梁的结构形式,横向温度梯度作用一般根据桥梁的地理位置、环境条件等因素经调查研究确定;无实测温度数据时,可以采用图4.2所示的横向温度梯度曲线。图中T_1取4.0℃,T_2取-2.75℃。

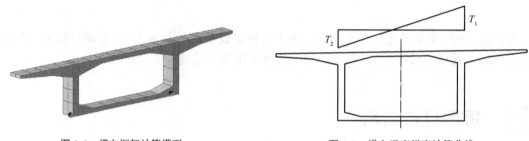

图4.1　横向框架计算模型　　　　　图4.2　横向温度梯度计算曲线

上弦梁和下弦拱结合段是整桥的一个关键点,其构造多变、受力复杂,杆系结构计算不能反映出该汇合点处真实的受力状态。因此,针对上弦梁和下弦拱结合段的应力扰动区范围应按实际的构造尺寸建立空间实体单元模型并进行应力计算。

4.2.3 下弦拱设计计算

下弦拱设计是梁拱组合连续刚构桥设计的重点之一。在符合相关现行标准的同时,设计中还需考虑下列因素:

(1)下弦拱应采用静力方法计算内力和累计变形,按照极限承载能力公式,对下弦拱进行强度验算。

(2)根据研究结论,对于主跨跨度小于200m的梁拱组合连续刚构桥的下弦拱,在进行主拱结构计算时,可不计入几何、材料非线性影响,按弹性理论计算能够满足桥梁安全需要。对于主跨跨度大于200m的梁拱组合连续刚构桥的下弦拱,由于建造数量少、经验积累不足、非线性影响较大,在进行主拱结构计算时宜计入几何、材料非线性影响。

(3)下弦拱在各种作用组合下的受力应通过优化主拱拱轴系数实现其合理性;在施工过程中应验算各施工阶段的截面强度、刚度和稳定性。

(4)在进行下弦拱悬臂浇筑计算时,应计入临时扣索体系的变形对主拱成拱过程强度、刚度和稳定性的影响。

(5)下弦拱的等效计算长度可按下式采用:

无铰拱:

$$S_0 = 0.36 L_a \tag{4.1}$$

式中:S_0——主拱拱轴线的等效计算长度;

L_a——主拱拱轴线的长度。

(6)拱的偏心距宜符合式(4.2)的要求。

$$e_{0i} \leq 2i^2/H \tag{4.2}$$

式中:e_{0i}——主拱计算 i 截面的最大偏心距,其值应按式(4.3)计算;
　　　i——主拱截面回转半径。

$$e_{0i} = \max\{M_{\max}/N, M/N_{\min}\} \tag{4.3}$$

式中,$M_{\max}/N, M/N_{\min}$ 分别指同一计算截面最大弯矩与其对应的轴力和该截面最小轴力与其对应的弯矩。

4.2.4 结构稳定性与动力特性

相对于常规连续刚构桥,梁拱组合连续刚构桥的主要特点在于结构构件更加轻型,下弦拱主要处于受压状态,因此,结构的稳定与动力特性值得关注。在设计中应符合下列要求:

(1)梁拱组合连续刚构桥需要根据施工至成桥运营全过程不同工况计算稳定性与动力特征。

(2)当跨径大于 300m 时,梁拱组合连续刚构桥结构材料、几何非线性的影响需要在结构分析中加以考虑。结构一类稳定即弹性屈曲稳定安全系数不应小于4,二类稳定即考虑非线性的弹塑性强度稳定安全系数不应小于2.5。

(3)梁拱组合连续刚构桥结构动力特性可按现行《公路桥梁抗风设计规范》(JTG/T 3360-01)相关规定进行设计。

(4)当设有人行道时,梁拱组合连续刚构桥结构频率避开人敏感频率(2.5~3.5Hz)。

4.2.5 结构下挠控制

梁拱组合连续刚构桥结构由于部分具有拱的受力特性,结构尺度更小,因此,对控制常规连续刚构桥存在的使用期间的结构下挠与结构开裂等有利。为了充分发挥梁拱组合连续刚构桥在抵抗超限下挠方面的优势,设计中应符合下列要求:

(1)梁拱组合连续刚构桥结构下挠控制分为施工期和运营期的下挠控制。施工期下挠控制通过施工过程控制、预拱度设置等方法,使主梁达到设计的竖向目标曲线;运营期下挠控制是在设计中提供充分的预应力钢束配置截面的前提下,以较小的截面面积为桥墩和主梁提供较大的抗压、抗弯、抗剪和抗扭刚度,通过过度增加截面尺寸来控制梁体下挠是不合理的。下挠控制应以保证主梁各截面预应力钢束布置空间及满足抗弯、抗剪、抗扭承载能力为总体原则。

(2)桥跨跨中在自重、二期荷载、预应力等作用下长期收缩徐变的下挠值最大值宜小于等于 $L/4000$(L 为主跨跨径)。

(3)设计中应考虑自重误差对结构挠度的影响。一是设计中应考虑施工规范容许范围内的自重施工误差对结构挠度的影响,包括结构自重误差±5%,铺装层超厚 $L/7000$(L 为主跨跨径),但不得小于2cm,同时考虑施工误差对混凝土收缩徐变挠度的影响;二是设计中对于施工规范容许范围外的误差,可考虑采取措施予以补救,比如设置体外预应力等。

(4)设计中需考虑钢绞线永存应力误差对于结构挠度的影响。一是分析全部纵向预应力误差±6%对结构弹性挠度的影响,同时分析此项误差对混凝土收缩徐变挠度的影响;二是施工工艺上需要有保证有效预应力的措施。

(5)混凝土收缩、徐变对于结构的影响较大且复杂不定,设计中需充分估计混凝土收缩徐变对结构的不利影响。

(6)徐变挠度只对永久作用而言,但桥梁长期承受车辆作用,部分活载实质上已成为永久作用,也会产生徐变挠度,导致下挠增大。因此,设计时宜考虑部分活载对结构徐变挠度的影响。

(7)为适应桥梁结构长期使用中可能存在对预应力调整的需要,梁体内可考虑预留运营期可张拉、可调整的体外预应力。

(8)可根据施工条件和工程造价等因素,对主梁跨中的部分梁段采用钢结构或钢混组合结构,以减轻结构自重,控制下挠。

4.3 设计作用

梁拱组合连续刚构桥设计作用及其组合主要按照现行《公路桥涵设计通用规范》(JTG D60)的规定执行。具体需考虑:

(1)结构自重、预应力与二期恒载。设计计算结构自重和预应力时,须计入施工规范容许范围内的误差对结构的影响。二期恒载应包含作用在箱梁上所有结构物的重量,如防撞护栏、桥面铺装、人行道板、人行道护栏、过桥管线等的自重。

(2)混凝土徐变。设计中需要充分估计混凝土收缩徐变对结构的影响。鉴于混凝土性能的影响因素众多,最好针对具体原材料进行混凝土的徐变试验,按照试验得出的徐变系数和终极值进行徐变计算;没有试验数据时,可将以下三种计算结果中的较大徐变效应作为徐变对结构的影响:第一种取徐变系数$\beta=0.0021$,终极值$\psi_k=2.5$;第二种取徐变系数$\beta=0.021$,终极值$\psi_k=2.0$;第三种徐变计算方法采用现行规范中相对湿度。

(3)活载。活载按照现行《公路桥涵设计通用规范》(JTG D60)取用。在整体纵向计算时,宜考虑偏载的影响;在进行局部及横桥向计算时,除了考虑冲击外,需要考虑适当的活载超载。

(4)温度荷载。①纵向计算时按照现行《公路桥涵设计通用规范》(JTG D60)取用,计算结构的均匀升温或降温,以及温度梯度引起的内力。在考虑常规连续刚构桥梁结构整体升温(最高有效温度－桥梁合龙温度)和整体降温(最低有效温度－桥梁合龙温度)的同时,还应计入上弦梁与下弦拱形成的三角区整体升温(最高有效温度－上弦梁与下弦拱汇合温度)和整体降温(最低有效温度－上弦梁与下弦拱汇合温度)的影响。②横向计算时,宜计算箱室内外±5℃的温差,如图4.3所示,必要时对结构进行空间应力分析。另外,还需注意因太阳偏晒等引起的桥梁结构侧弯影响。

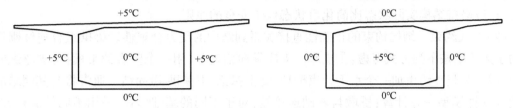

图 4.3 箱室内外温度梯度加载示意

(5)支座摩阻力、汽车制动力。支座摩阻力、汽车制动力按照现行《公路桥涵设计通用规范》(JTG D60)取值。汽车制动力对箱梁受力影响小,计算箱梁受力时一般可以不计;但为下部结构计算提供上部计算基础反力时,需要考虑汽车制动力对结构的作用。

(6)风力。施工状态下结构平衡性检算时,需要考虑风力荷载。梁拱组合连续刚构桥纵向计算时,需要考虑作用在桥墩上的顺桥向风力(按相应横桥向风力的70%考虑)。

(7)预应力径向力。在横向计算、锚固齿块或预应力钢束弯曲处局部计算时,需要考虑预应力钢筋弯曲产生的径向分力对所计算结构的影响。

(8)施工临时荷载。①上弦梁、下弦拱以及常规主梁节段悬臂施工的挂篮模板机具荷载采用挂篮模板机具荷载实际设计重量进行计算,当没有具体数据时,按照最重悬臂施工节段自重的50%估算。②桥面堆载仅在上弦梁、常规主梁节段悬臂施工稳定性检算时考虑,一般按照每延米2.5kN计算。

(9)结构调整力。①梁拱组合连续刚构桥在主跨合龙前,同样根据需要在两悬臂端用水平千斤顶互施水平顶推力,以调整主跨及双壁墩身的内力,设计时需计入调整力对结构的影响。②在边跨主梁处于悬臂状态时,在悬臂端施加竖直荷载,于边跨合龙后卸除,以调整双壁墩身内力,设计时也需计入其影响。

4.4 结构分析

梁拱组合连续刚构桥全桥总体分析计算可采用空间结构杆系有限元程序。上弦梁与墩柱结合段、下弦拱与墩柱结合段、上弦梁与下弦拱结合段等结构局部受力复杂的构件应进行板壳或实体有限元分析。

4.4.1 纵向分析模型

结构分析中分析模型简化对保证结构分析精细、准确十分重要。进行梁拱组合连续刚构桥结构分析时应注意:

(1)结构简化。①进行整体计算时,横隔板、预应力锚固齿块、检修孔、通风孔、泄水孔、通过孔、锚槽、封锚混凝土、伸缩缝槽口等构造细节一般忽略,不计入受力截面,该处截面用其附近截面代替;②结构简化造成的结构恒载误差,采用永久作用的集中力荷载进行模拟;③箱梁顶板旋转成坡的,可将顶板绕外腹板旋转回水平状态进行检算,普通钢筋、预应力钢筋可按其平均高度计算,预应力钢筋应力可按其平均应力计算。④桥面铺装层不计入结构受力部分。简化时,应坚持结构实际状态比简化后状态偏于安全的原则。

(2)永久约束。结构约束的正确性直接关系到结构的受力合理性。梁拱组合连续刚构桥结构永久约束按下列方式考虑:①支座。支座纵向活动的,用一个竖直约束模拟;支座纵向固定的,用一个竖直约束加一个水平约束模拟;②上弦梁、下弦拱-墩固结。通常将与其固结的桥墩代入计算模型一并计算;桥墩与基础连接端,对于不同的基础形式,采用不同的简化方法:a.采用低桩承台的,将桥墩基础端固结在承台顶计算;b.采用高桩承台的,应考虑一般冲刷、局部冲刷两种情况;c.对于桩基础采用摩擦桩或者桩基需穿过较厚覆土层的嵌岩桩,应考虑承台和桩土作用。桥梁下部结构桩基应按全长建立,土体对桩基的作用采用土弹簧约束模拟,土弹簧刚度取值采用现行《公路桥涵地基与基础设计规范》(JTG 3363)附录L中的m法计算确定。

(3)临时约束。临时约束系桥梁施工过程中针对结构临时状态确定的约束状态,是保证施工过程中结构受力分析正确的关键之一。设计中需考虑下列因素:①临时水平约束:结构在合龙前分为几个独立的结构体系,计算时需要为独立的结构体系增加临时的水平约束,使之为几何不变体系;应防止计算过程中独立结构体系属于几何可变体系;②临时竖向约束:结构在施工时常采用支架或墩梁临时固结措施,计算时常采用临时竖直约束来模拟这种受力状态。对于支架约束,常采用单向受压竖直约束来模拟;对于墩梁临时固结,常采用双向受力竖直约束来模拟。

(4)各阶段所形成的结构体系应进行内力、稳定和抗风性能分析,并应验算体系中构件的强度和刚度。

4.4.2 横向分析模型

结构横向分析是否正确关系到结构横向受力是否安全,梁拱组合连续刚构桥结构横向模型简化应考虑以下内容。

(1)通常取梁或拱控制截面附近单位宽度横向框架进行横向平面的杆系计算。主梁桥面铺装层、防撞护栏等桥面设施无论是否与箱梁顶板固结,均不计入结构受力部分,而作为二期恒载计算。

(2)约束。在上弦箱梁、常规区段箱梁、下弦拱每条腹板中心线下端的箱底位置加一个竖向约束,另加一个水平约束保证结构体系属于几何不变体系。

(3)配筋。结构横向计算的腹板配筋的1/2可兼作主梁抗剪或抗扭箍筋。

(4)横隔梁分析模型。①高而短的横隔梁通常只有两个支座,但支座离箱梁或拱腹板较近,横梁一般不控制设计,故仅需按照深梁手动简化计算,按照深梁配筋设计即可。②矮而长的横隔梁通常有两个或者两个以上的支座,支座位置离箱梁或拱腹板较远且不规则,这需要将其简化为工字梁来进行计算。工字梁的有效翼缘宽度按照现行《公路钢筋混凝土及预应力混凝土桥涵设计规范》(JTG 3362)计算。工字梁的荷载主要为腹板传来的集中力和汽车轮载。

4.4.3 永久作用内力分析

永久作用种类及量值确定是否正确关系到桥梁结构是否安全与技术经济是否合理,梁拱组合连续刚构桥设计中应考虑下列因素:

(1)梁拱组合连续刚构桥永久作用内力分析中应计入施工规范允许的误差对结构内力的影响,同时考虑此部分误差引起的收缩徐变内力的变化。

(2)应按施工的步骤,逐步计算内力并累加,并计入收缩徐变影响,形成永久作用内力。不应按桥梁形成时的图式一次性地计算内力,以避免根部负弯矩偏小现象的产生。

(3)需模拟出实际结构可能出现的不利施工状态,例如对于悬臂施工的桥梁,应该模拟出这些施工状态:该节段混凝土浇筑完毕、锚固于该节段的预应力钢筋尚未张拉、挂篮尚未前移、顶板混凝土无桥面铺装受日照正温差或日照反温差。

4.5 持久状况承载能力极限状态计算

4.5.1 主梁正截面、斜截面承载能力极限状态计算

梁拱组合连续刚构桥主梁涉及三角区上弦梁、常规区段主梁,主要正截面、斜截面承载能力计算应按照现行《公路钢筋混凝土及预应力混凝土桥涵设计规范》(JTG 3362)规定进行。其中,进行上弦梁承载能力计算时应考虑下列因素:

(1)当轴向力作用在截面上缘钢束、钢筋合力点和下缘钢束、钢筋合力点之间时,上弦梁为小偏心受拉构件,承载能力按现行《公路钢筋混凝土及预应力混凝土桥涵设计规范》(JTG 3362)中小偏心受拉构件公式计算。

(2)当轴向力作用在截面上缘钢束、钢筋合力点和下缘钢束、钢筋合力点之外时,上弦梁为大偏心受拉构件,承载能力按现行《公路钢筋混凝土及预应力混凝土桥涵设计规范》(JTG 3362)中大偏心受拉构件公式计算。现行《公路钢筋混凝土及预应力混凝土桥涵设计规范》(JTG 3362)第5章给出了矩形截面大、小偏心受拉构件的计算公式。当为大偏心受拉构件时,受压区按实际截面尺寸计算。

(3)当上弦梁为小偏心受拉构件时,承载能力极限状态计算不宜考虑普通钢筋,仅考虑预应力钢束,即截面拉力均由纵向预应力钢束承担,以提高结构的安全储备。

(4)上弦梁大偏心受拉构件的正截面相对界限受压区高度按现行《公路钢筋混凝土及预应力混凝土桥涵设计规范》(JTG 3362)规定采用。

(5)上弦梁大偏心受拉构件在进行承载能力计算时,可不考虑按正常使用极限状态计算可能增加的纵向受拉钢筋和按构造要求配置的纵向钢筋。

4.5.2 下弦拱承载能力极限状态计算

下弦拱承载能力极限状态计算除与常规混凝土拱相似之处，还应注意以下方面：

(1)进行下弦拱承载能力极限状态计算时，其安全等级取一级。

(2)钢筋混凝土箱形主拱承载能力极限状态计算应符合式(4.4)的要求：

$$\gamma_0 S \leqslant R \tag{4.4}$$

式中：S——作用效应的组合设计值；

R——构件承载力设计值；

γ_0——桥梁结构的重要性系数或抗震调整系数。不计地震荷载时，该值为桥梁结构的重要性系数，取 $\gamma_0 = 1.1$；计入地震荷载时，该值为抗震调整系数，即取 $\gamma_0 = \gamma_e = 0.75$，当仅计算竖向地震作用时，抗震调整系数 $\gamma_0 = 1.0$。

(3)研究表明，荷载形式及大小对弯矩增大系数的影响规律为：①集中力荷载对弯矩增大系数的影响较小；②径向均布荷载和竖向均布荷载对其影响较大；③随着荷载的增加，用有限元软件计算的弯矩增大系数呈线性增加。对主跨小于200m的梁拱组合预应力混凝土连续刚构桥，按一阶理论进行静力分析，其计算内力和变形与实际结构吻合。对主跨大于200m的梁拱组合预应力混凝土连续刚构桥，仅按一阶理论进行计算分析，而不考虑非线性的影响，忽略了附加弯矩和增大的拱轴向位移，计算内力、变形与主拱实际内力、变形差别较大。参照压弯杆分析引用的增大系数，将按一阶理论得到的拱的弯矩和挠度增大。

计算下弦拱偏心受压构件正截面承载力时，应考虑构件在弯矩作用平面内的挠曲对轴向力偏心距的影响，即将偏心距 e_0 乘以偏心距增大系数 η，η 可按式(2.14)~式(2.16)计算。

(4)下弦箱形拱可简化为"I"形截面偏心受压构件进行计算，即按照现行《公路钢筋混凝土及预应力混凝土桥涵设计规范》(JTG 3362)规定计算。

4.6 持久状况正常使用极限状态计算

梁拱组合连续刚构桥结构持久状况正常使用极限状态计算应采用作用的短期效应组合、长期效应组合或短期效应组合计入长期效应组合的影响。具体计算应按现行《公路钢筋混凝土及预应力混凝土桥涵设计规范》(JTG 3362)执行。

针对梁拱组合连续刚构桥特点，结构变形与预拱度计算宜按照下列要求执行：

(1)主梁在车道荷载(不计冲击力)作用下的最大竖向挠度(正负挠度绝对值之和)不宜大于 $L_0/2000$。

(2)上弦梁、上弦梁与下弦拱汇合后的梁段、下弦拱的变形应根据线弹性理论方法进行计算。

(3)上弦梁、上弦梁与下弦拱汇合后的梁段、下弦拱成桥时的恒载变形总量，应根据拟定的成拱方法,由施工各阶段的恒载变形累计而成。

(4)上弦梁、上弦梁与下弦拱汇合后的梁段、下弦拱应设置预拱度,预拱度的计算方法为主拱恒载累计变形、1/2活载挠度与混凝土徐变挠度之和。

4.7 持久状况和短暂状况构件应力计算

梁拱组合预应力混凝土连续刚构桥持久状况和短暂状况构件的应力计算均应按现行《公路钢筋混凝土及预应力混凝土桥涵设计规范》(JTG 3362)执行。其中:

(1)持久状况下上弦梁、上弦梁与下弦拱汇合后的梁段正截面压应力的计算与控制除应按现行《公路钢筋混凝土及预应力混凝土桥涵设计规范》(JTG 3362)执行外,尚应控制在最不利荷载标准值组合作用下的截面应力:①正截面最大压应力不应大于 $0.5f_{ck}$;②最小压应力储备宜不应小于1MPa,其中,跨中下缘的最小压应力储备宜不小于2.0MPa。

(2)对下弦拱进行短暂状况设计时,除应按现行《公路钢筋混凝土及预应力混凝土桥涵设计规范》(JTG 3362)规定执行外,尚应满足截面不出现拉应力、最大压应力不超过 $0.5f_{ck}$ 的要求。

(3)分析跨中主梁正应力储备时,需充分估计混凝土收缩徐变的影响。

(4)进行主梁和下弦拱正截面应力计算时,除考虑结构尺寸、施工荷载和规范规定的各种荷载外,需考虑施工规范容许范围内的施工误差对结构应力的影响。

(5)在计算中应考虑箱形截面剪力滞的影响。

4.8 结构与构造设计

4.8.1 总体设计

与其他桥梁一样,梁拱组合连续刚构桥的结构与构造设计的合理性关系到结构受力合理性、施工质量可控性、长期使用安全耐久性。从总体布置来看,梁拱组合连续刚构桥平面设计宜采用较高的平曲线技术指标,在主跨范围内不宜设置平曲线;梁拱组合连续刚构桥纵断面设计的各项技术指标应符合路线布设的规定,主桥主跨宜布置在凸曲线或单坡曲线内,利于桥梁排水;梁拱组合连续刚构桥横断面布置应符合现行《公路工程技术标准》(JTG B01)的相关规定。

4.8.2 基本结构体系设计

根据研究与分析,梁拱组合连续刚构桥主要由主墩、梁拱三角区段上弦梁、下弦拱、梁拱汇合段以及常规梁段等五部分组成。基本结构体系设计如下:

(1)边、中跨的比例宜控制在 0.52~0.60。梁端支座在施工和运营阶段均应不出现负反力。

(2)梁拱组合连续刚构桥可与常规悬臂施工的连续刚构、连续梁组合,形成组合式预应力混凝土梁拱组合预应力混凝土连续刚构体系,如图 4.4 所示。

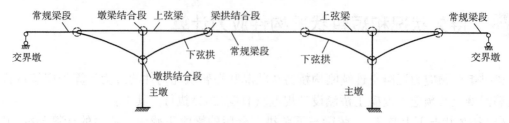

图 4.4 梁拱组合连续刚构体系

(3)梁拱组合连续刚构体系中,次主墩的名义跨径与主跨之比宜为 0.4~0.6,边跨与次主墩的名义跨径之比宜为 0.55~0.65。次主墩的名义跨径是指次主墩作为常规悬臂施工的连续刚构时的跨径,为次主墩的最大悬臂长度×2+次主墩的 0 号块长度+合龙段长度,如图 4.5 所示。

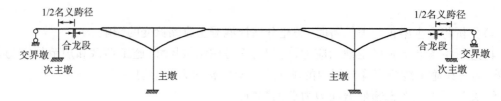

图 4.5 梁拱组合连续刚构次主墩的名义跨径示意

4.8.3 总体结构参数

梁拱组合连续刚构桥的总体结构参数包括主跨跨径 L、梁拱三角区段下弦拱底与实腹段梁底曲线、梁拱三角区段根部总高度 H、下弦拱高 h_1、上弦梁高 h_2、跨中梁高 h_3、墩梁结合处高 h_4 等,如图 4.6 所示。设计时应根据结构的安全性和经济性进行综合比选。

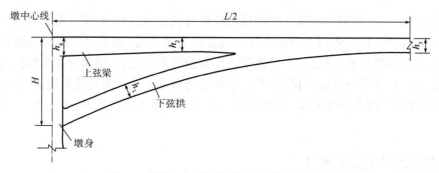

图 4.6 梁拱组合连续刚构桥总体结构参数示意

根据研究与分析,梁拱组合连续刚构桥主要结构参数及上部结构下缘曲线可按照下示内容选取:

(1)梁拱三角区段根部总高度 H 为梁拱三角区段下弦拱与桥墩的相交点至墩顶桥面的距离,宜取 $L/8 \sim L/7$。

(2)梁拱三角区段下弦拱宜采用等高度箱形截面,拱高 h_1,宜取 $L/55 \sim L/40$。

(3)梁拱三角区段上弦梁高 h_2 应综合考虑上弦梁结构受力及纵向预应力布置的需要,宜取 $L_s/15 \sim L_s/10$。L_s 为梁拱三角区段上弦梁长度,宜取 $L/5 \sim L/3$,近似取上、下弦汇合后,上弦底缘与下弦顶缘理论交汇点至 0 号块中心线的距离,如图 4.7 所示。

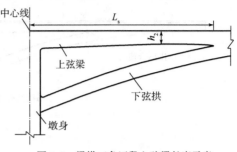

图 4.7 梁拱三角区段上弦梁长度示意

(4)主跨跨中常规梁段梁高 h_3 可取 $L/70 \sim L/45$。

(5)上弦梁与下弦拱汇合段汇合处应采用圆弧曲线过渡,曲线半径不宜小于 0.2m,并应做好该角隅处的构造设计。

(6)下弦拱底与常规梁段底宜按一致的幂次曲线变化,梁底曲线幂次 β 的取值范围应为 2.0 ~ 3.0,幂次曲线可按式(4.5)计算。

$$y = \alpha x^\beta \tag{4.5}$$

$$\alpha = \frac{H - h_3}{\left(\dfrac{L}{2} - \dfrac{B}{2}\right)^\beta}$$

式中:B——主墩纵桥向截面尺寸。

图 4.8 所示为梁底曲线幂次变化对比示意。

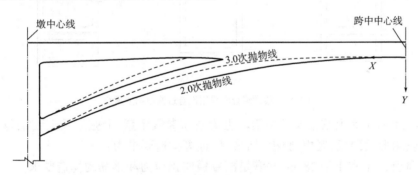

图 4.8 梁底曲线幂次变化对比示意

4.8.4 上弦梁与常规梁段构造设计

1. 结构构造设计

(1)梁拱组合连续刚构桥上弦梁及上弦梁与下弦拱汇合后的常规主梁截面形式宜采用竖直腹板的单箱单室或者单箱多室箱形截面,横桥向分幅和分室应根据跨径、箱梁宽度等选定。三角区上弦梁和下弦拱汇合处构造需要做到传力顺畅,力线方向变化的部位应设置必要的梁拱汇合过渡段,梁拱汇合过渡段可采用汇合式,如图4.9、图4.10所示。

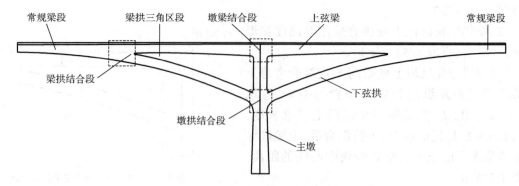

图4.9 梁拱组合连续刚构体系示意

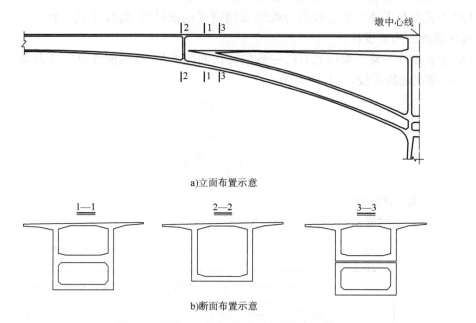

图4.10 梁拱组合段采用汇合过渡段构造示意

(2)图4.11所示为上弦梁及常规梁段主梁断面参数示意,上弦梁及上弦梁与下弦拱汇合后的常规梁段箱形梁顶板、底板、腹板、加腋、齿板等构造要求为:

①主梁顶板 t_1 不宜小于28cm,并满足配置横向预应力和钢筋的构造要求。

②主梁底板 t_2 不宜小于32cm,并满足配置合龙预应力钢束和钢筋的构造要求。

③主梁腹板 b 不宜小于50cm,并满足配置预应力和钢筋的构造要求,墩顶根部应根据计算及构造取值,腹板变厚可1~2次完成,每次通过1~2个节段过渡,过渡长度应同时满足不小于腹板厚度差的12倍。

④主梁加腋的高度及宽度均不宜小于0.3m,其中上加腋可为 $h_1:b_2=1:6\sim1:1$,下加腋可为 $h_2:b_2=1:1$。

⑤主梁翼缘端部厚度 t 不宜小于18cm,腹板中心至翼缘边缘宽 b_3 不宜超过相邻腹板中心间距的45%。

⑥预应力锚固齿块宜紧靠腹板布置,远离腹板侧的竖边宜斜布,如图4.12所示。

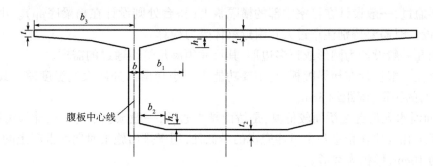

图4.11 上弦梁及常规梁段主梁断面参数示意

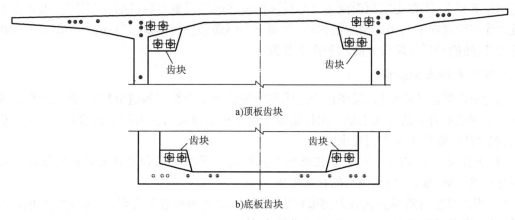

a)顶板齿块

b)底板齿块

图4.12 箱梁齿块布置示意

(3)箱梁0号块底板、腹板、顶板厚度可较1号块或2号梁段底板、腹板、顶板厚度适当增加,根据计算确定增加值。

(4)主梁箱宽不宜大于桥面全宽的1/2,且箱梁的长边与短边之比不宜大于4,否则应设置成多箱室;箱梁悬臂长度不宜大于5m,否则应考虑活载在悬臂端部引起的双向挠曲效应。

(5)主梁构造设计时应预留供检查和维护的人行通道,在箱梁内最低处应设置泄水孔,腹板应设置通气孔。

(6)支座上下垫板的水平度对桥梁结构受力的影响很大,与常规连续刚构桥一样,支座处梁底调平构造要求:

①利用预埋钢板调平:在支座处箱梁底预埋水平钢板,钢板上表面须完全没入梁体混凝土以保证传力均匀,钢板厚度一般约20mm,尺寸须满足梁体相对支座可能发生的位移的需求。

②利用楔形混凝土块调平:当支座处箱梁底板高差较大,需要很厚的钢板才足以调平时,可考虑调整墩顶的支座垫石高度,或者在箱梁底部构造不同高度的楔形混凝土块调平。箱梁底部的楔形混凝土块是局部受压构件,应根据现行《公路钢筋混凝土及预应力混凝土桥涵设计规范》(JTG 3362)要求设计其尺寸及钢筋网。

(7)为了适应环境和检修需要,同时不影响结构受力,需要合理设置过人孔、通风孔、过线孔等预留孔。

①过人孔一般设计为矩形,并带有白线或圆弧形倒角,其尺寸大小须保证施工及检修设备和人员能够通过,一般设计在箱室中部的横隔板上(桥台处则设计在箱梁底部)。由于过人孔尺寸较大,设计时需要特别注意过人孔附近梁体受力检算。

②过线孔一般设计为圆形或正多边形,其尺寸须满足管线通过的需求。

③通风孔一般设计在箱梁腹板上,主要功能为减小箱梁内外侧大气温度差。其一般为内径10cm左右的圆形,间距约5cm。

④桥面泄水孔设置在桥面较低侧,是桥面排水通道,一般预埋不锈钢或球墨铸铁泄水孔;箱梁底板泄水孔设置在箱室各个可能兜水的最低处,用于排出施工时保养混凝土的水,泄水孔直径一般为10cm,形状为圆形。

(8)水害已成为影响桥梁结构耐久性的关键因素之一,与常规连续刚构桥一样,防水构造应达到以下要求:①在主梁顶面混凝土与桥面构造之间应设置可靠的防水层构造;②在主梁悬臂板边缘宜设置向下凸出的滴水沿构造;③预应力钢筋张拉前应及时封锚;④伸缩缝处的桥面系及栏杆、防撞护栏处应设置防水和排水装置。

2. 预应力钢束构造设计

相对于常规连续刚构桥,梁拱组合连续刚构桥的预应力钢束构造更复杂,涉及上弦梁及上弦梁与下弦拱汇合后的常规主梁。梁拱组合连续刚构桥预应力钢束构造通常采用三向预应力体系,在设计中需要考虑下列要求:

(1)上弦梁与下弦拱汇合段、上弦梁和下弦拱与墩顶墩梁结合段0号块衔接部位应结合空间分析进行纵、横、竖向预应力的合理配置。

(2)当计算出所需纵向预应力钢束较多,在箱梁断面内布置局促时,宜采用大吨位钢绞线体系,尽可能靠近腹板布置,并应保证局部受力安全。

(3)应配置适当的腹板下弯束,以改善箱梁腹板的主拉应力。腹板下弯束宜对称于腹板布置,钢束宜下弯至腹板内锚固,弯起角度尽可能趋近45°,其锚固位置距箱梁顶面宜置于截面高度2/3位置。图4.13~图4.15所示为梁拱组合连续刚构桥纵向预应力钢束布置示意。

图4.13 梁拱组合连续刚构桥纵向预应力钢束布置示意

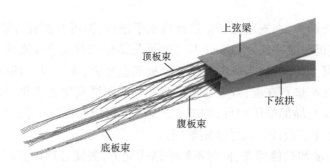

图4.14 梁拱组合连续刚构桥常规梁段纵向预应力钢束布置示意

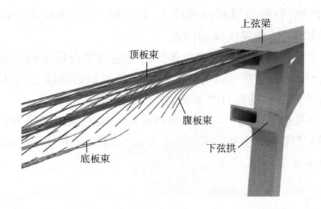

图4.15 梁拱组合连续刚构桥三角区范围纵向预应力钢束布置示意

（4）超长悬浇主梁的预应力钢束可采用在墩顶位置交叉锚固的方式，如图4.16所示。

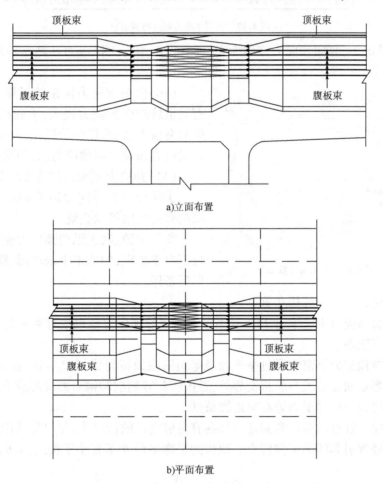

图4.16 超长悬浇主梁预应力钢束交叉锚固示意

（5）底板钢束应尽量靠近腹板布置，钢束应平弯靠近腹板锚固，锚固齿板应与腹板连成一体，底板齿板不宜做成横向贯通齿板。

（6）应根据受力需要，合理设置横向预应力，并与纵、竖向预应力构造布置相协调。横向预应力宜采用钢绞线体系，优先采用圆锚体系。

（7）主梁底板预应力钢束的设置应避免传统的与底板平行设置而造成在梁段节点处形成死弯的缺点，应将底板钢束管道顺桥向各点均设在一条平顺的曲线上，为此每梁段中的管道距离底板的竖向距离应按照钢束曲线计算得出，而不是定值。

（8）主梁中跨跨中及边跨现浇段与悬臂端相接处底板的纵向预应力管道宜尽量靠近底板上缘布置，即可紧贴箱梁底板的上层钢筋，以增大截面抵抗钢束径向力的抗剪厚度。图4.17所示为底板预应力钢束布置示意。

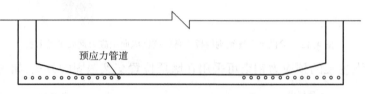

图4.17 底板预应力钢束布置示意

（9）一般情况下，竖向预应力宜作为安全储备，不参与主拉应力计算，必要时可考虑50%竖向预应力效应。

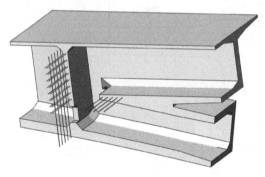

图4.18 梁拱组合段钢束布置示意

（10）竖向预应力体系应可靠有效，并能采取有效措施减少预应力损失；上弦梁与下弦拱汇合处梁高较大，宜采用钢绞线；上弦梁与下弦拱汇合处梁段宜布设竖向预应力筋，如图4.18所示。

（11）预应力钢束的构造要求如下：

①预应力管道间净距不得小于6cm，在直线段两管道竖向可以叠置。

②箱梁顶、底板纵向预应力应设置备用管道，且不少于2束，如施工中未动用，则将喇叭口封闭以后备用。

③竖向预应力宜对称腹板布置。

④边跨底板预应力钢束中有20%且不少于2束的预应力钢束按直束布置通过支座，其余底板束一律上弯锚固。

⑤顶板纵向预应力钢束宜通过平弯及竖弯锚固在顶板与腹板交界处，底板纵向预应力宜通过平弯及竖弯锚固在底板与腹板交界处，否则应验算锚前和锚后的局部应力。

⑥纵向预应力钢束尽量布置在靠近腹板处。

⑦纵向预应力管道的平弯和竖弯半径在有足够空间的情况下，尽可能采用较大半径，以减小管道平弯和竖弯引起的局部拉应力。顶板的平弯半径R不宜小于按式（4.6）计算的半径。

$$R \geqslant \frac{N}{500(h-d)f_{tk}} \tag{4.6}$$

式中：R——顶板预应力钢束平弯半径，m；

N——混凝土轴心抗拉强度标准值，MPa；

f_{tk}——混凝土轴心抗拉强度标准值,MPa;
 h——顶板(底板)厚度,m;
 d——管道外直径,m。

表 4.1 给出了不同张拉吨位对应的最小弯曲半径建议值。

张拉吨位与对应钢束最小弯曲半径建议值　　　　　　表 4.1

张拉吨位(kN)	最小弯曲半径(m)	张拉吨位(kN)	最小弯曲半径(m)
1000	4	3000	12
2000	8	≥4000	16

⑧在布置主梁纵、横、竖三向预应力钢束时,应错开位置,避免钢束的锚头、管道相互干扰,或锚头管道与普通钢筋相互干扰,导致不能准确到位,从而影响预应力的效果。

⑨在悬臂板根部等预应力钢筋布置密集处,应避免孔道过多对结构局部构件产生不利影响,必要时可以加大结构局部尺寸。

⑩预应力钢束的张拉龄期除满足混凝土强度条件外,建议对加载龄期提出要求,加载龄期不得小于 5 天,对于主跨跨径大于 200m 的桥梁,加载龄期不得小于 7 天,以减少收缩徐变的影响。张拉时,对于加载时的混凝土弹性模量提出要求。

(12)对于主梁竖向预应力宜采用可二次张拉的低回缩钢绞线锚固体系,二次张拉后锚具变形及钢束回缩值不大于 1mm。对于梁高大于 6m 的梁段宜采用钢绞线。采用精轧螺纹钢筋时应明确要求采用二次张拉工艺,以保证其有效性。

(13)当主梁竖向预应力采用精轧螺纹粗钢筋时,建议在不少于 1% 的竖向预应力下设测力环,并用扭矩扳手做扭力测定,且竖向预应力采用二次张拉工艺完成。

(14)主梁竖向预应力顺桥向最大间距 s 宜满足下列要求,否则应适当加高腹板上承托高度和腹板与底板倒角高度(图 4.19)。

$$s \leqslant 2h_1 \tan 26° \qquad (4.7)$$

$$s \leqslant 2h_2 \tan 26° \qquad (4.8)$$

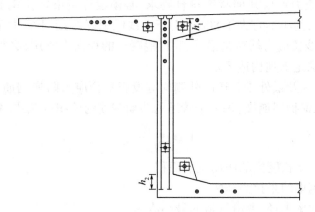

图 4.19　竖向预应力钢束布置示意图

(15)横向预应力采用扁锚体系,采用一端张拉、一端扎花固定的锚固方式,应两端交叉锚固。

(16)预应力钢束锚固细节要求如下:

①预应力钢束锚固位置应尽量布置在靠近截面厚实部分附近,并且让锚固力传至全截面的区段尽量短。

②预应力锚固槽口尺寸需要满足张拉设备及操作空间需求,槽口深度需保证封锚混凝土足够厚以保证锚头的耐久性。

③预应力锚固齿块一般应布置在靠近箱梁腹板的顶底板内侧,并保证预应力钢筋具有足够的张拉操作空间。

④锚固齿块尺寸需要满足能保证锚下及张拉时千斤顶下混凝土局部承载力的需求,以及齿块与箱梁间的传力需求。设计时应按照现行《公路钢筋混凝土及预应力混凝土桥涵设计规范》(JTG 3362)规定进行验算。

⑤对于预应力锚固齿板与顶、底板交汇处的预应力曲线段,宜增大混凝土保护层厚度。

⑥预应力锚固齿板钢筋设计应按现行《公路钢筋混凝土及预应力混凝土桥涵设计规范》(JTG 3362)规定执行。

⑦预应力锚下混凝土为局部受压构件,须按照现行《公路钢筋混凝土及预应力混凝土桥涵设计规范》(JTG 3362)规定进行设计。锚下一般均需布置螺旋形分布钢筋,必要时需要额外布置数层钢筋网片。

3. 普通钢筋构造设计

普通钢筋构造合理是梁拱组合连续刚构桥结构可靠的保证,设计时需注意以下几点:

(1)上弦梁及上弦梁与下弦拱汇合后的常规主梁纵向钢筋和横向钢筋的间距不宜大于15cm,纵向钢筋和底板横向钢筋直径不宜小于16mm,腹板箍筋直径不宜小于20mm。当顶板设有横向预应力时,顶板上层钢筋和箱内顶板下缘横向钢筋直径不宜小于16mm,悬臂下缘和箱中承托下缘钢筋直径不宜小于12mm。主梁腹板、齿板应配置闭合箍筋。

(2)对于高度较高、截面尺寸较大、壁厚较厚的桥墩及箱梁0号节段,表面宜配置带肋钢筋网,以防止温度及收缩裂缝。

(3)为了保证预应力钢束几何状态符合要求,必须设计钢束定位钢筋,通常采用"井"字形。对于直线段钢束,间距不宜大于80cm;对于曲线段钢束,间距不宜大于50cm。

(4)为了抵抗曲线预应力筋对箱梁顶、底板混凝土的径向力作用,必须设置预应力钢束防崩钢筋,设计时需要满足下列构造要求:

①在两个管道之间及最外排管道的外侧均应设底板预应力防崩钢筋,防止底板预应力钢束张拉时将底板下缘保护层崩裂,每一个管道的防崩钢筋的面积按照式(4.9)计算:

$$A_s \geq \frac{N}{20f_{sd} \cdot R} \quad (4.9)$$

式中:A_s——沿管道一米长度内的防崩钢筋面积,m^2;

N——预应力钢束的张拉力,kN;

R——钢束的曲率半径,取沿管道的最小值,m;

f_{sd}——钢筋的抗拉强度设计值,MPa。

②防崩钢筋可选用"U"形钢筋或封闭箍筋。如果采用"U"形钢筋,则应确保卡住底板上缘横向钢筋;如选用封闭箍筋,则应将开口端向上设置,若为底板的齿板防崩钢筋,则箍筋的开口向下设置。

③用于防崩钢筋的箍筋开口方向与径向力方向相反,图4.20中中间开出向上的箍筋适用于底板钢束和顶板钢束齿板的防崩,右边开口向下的箍筋适用于底板钢束齿板的防崩,D为预应力钢束波纹管直径。

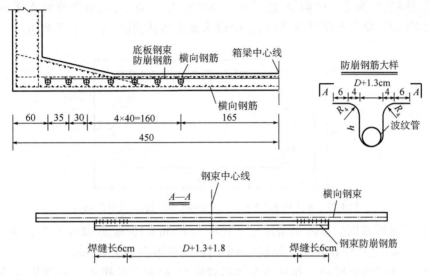

图4.20 底板钢束防崩钢筋布置示意(尺寸单位:cm)

④防崩钢筋不能等同于底板的架立钢筋,不能缺少。

(5)为了抵抗曲线预应力筋对箱梁腹板混凝土的径向力作用,需要设置腹板钢束防崩钢筋,并注意其构造要求:

①防崩钢筋设置在钢束两侧,距离钢束较近能起到防崩的作用,若防崩钢筋距离钢束较远,则效果较差,甚至起不到防崩的作用。在每根钢束两侧均应布置防崩钢筋,没有布置钢束的地方,底板的架立钢筋的横向间距按照构造要求设置。

②防崩钢筋顺桥向间距不宜超过两个横向钢筋间距,也不宜呈梅花形布置,同时避免部分钢束两侧没有设置防崩钢筋。

③在管道竖弯范围内宜设置防崩箍筋,并将开口端锚固于原结构内,防崩箍筋宽度按$(d+10)$cm控制,d为管道外径,不宜太大,每米的总面积A_s按照式(4.10)计算:

$$A_s \geqslant \frac{N}{700R \cdot f_{sd}} \tag{4.10}$$

式中:A_s——沿管道一米长度内的防崩钢筋面积,m²;
    N——预应力钢束的张拉力,kN;
    R——钢束的曲率半径,取沿管道的最小值,m;
    f_{sd}——钢筋的抗拉强度设计值,MPa。

4.8.5 下弦拱构造设计

从受力上看,梁拱组合连续刚构桥下弦拱为压弯构件。从构造上看,下弦拱截面形式应与上弦梁截面形式相协调,以利于汇合后的构造过渡,并适应下弦拱和上弦梁施工的需要,因此,下弦拱采用箱形截面。同时,对其进行构造设计时应注意:

(1)下弦拱箱形截面(图4.21)的挖空率宜为50%~65%。下弦拱箱形截面可采用顶板、底板和腹板变厚度的构造。拱箱顶、底板最小厚度宜大于60cm,腹板厚度宜大于60cm。当下弦拱被洪水淹没时,除设专用排气孔外,还应设水流进出孔,孔径不得小于8cm。

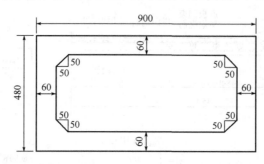

图4.21 重庆礼嘉嘉陵江大桥下弦拱断面布置(尺寸单位:cm)

(2)下弦拱箱形截面拱室内倒角尺寸不宜小于10cm×10cm,现浇箱拱室内倒角尺寸不宜小于20cm×20cm,且均应设置倒角钢筋,倒角钢筋直径不应小于16mm。

(3)应根据下弦拱悬臂施工扣挂体系的承载能力,确定下弦拱现浇分段长度,同时分段重量应相对均衡。临时扣索锚固点,应设置在腹板和顶板交叉处。

4.8.6 主墩构造设计

梁拱组合连续刚构桥主墩墩身宜采用空心薄壁单肢墩,一方面要满足在各种荷载作用下桥墩强度、刚度和稳定性的要求,另一方面其柔度要能适应由于混凝土收缩、徐变和温度变化等引起的纵向位移。对主墩进行构造设计时需注意:

(1)墩身截面宜采用箱形截面,其顶宽宜为$L_0/40$~$L_0/30$,墩身两侧可按墩高的1/40~1/30放坡;主墩的构造尺寸应根据计算确定,根据受力计算确定是采用等壁厚还是变壁厚。

(2)空心薄壁主墩墩底宜有适当的实心段以便于承台和薄壁墩刚度过渡,建议墩底实心段取2.5~3m。

(3)主梁0号块横隔板宜设计成柔性横隔板,横隔板应与主墩截面相对应。

(4)在墩顶一个墩壁厚度范围内宜增设封闭箍筋以提高该区域的墩身混凝土承压强度。

第5章

梁拱组合连续刚构桥施工技术

与常规连续刚构桥不同,梁拱组合连续刚构桥将连续刚构桥主梁根部单一的梁体改为由上弦梁和下弦拱组合的三角区。除三角区上弦梁、下弦拱结构外,梁拱组合连续刚构桥其他结构的施工与常规连续刚构桥无异,主要采用挂篮悬臂浇筑施工。本章主要介绍梁拱组合连续刚构桥三角区结构施工。

5.1 三角区结构形成方式

梁拱组合连续刚构桥三角区由上弦梁和下弦拱构成。三角区结构形成过程也就是上弦梁和下弦拱施工及其结合的过程。

5.1.1 双扣索施工法

目前,斜拉扣挂法是在大部分拱桥等无支架桥梁施工中最常采用的施工方法,适用于在山岭区域进行的大跨径桥梁施工中,也常常运用于悬臂浇筑施工以及扣挂吊装中。其与混凝土斜拉桥的施工方式类似,但是在大跨径预应力混凝土桥梁的施工中很少采用这种施工方法。

三角区上下弦双扣索法施工也可称为双扣索施工,它是在以挂篮悬臂浇筑施工上弦梁与下弦拱的基础上采用相应的扣索作为辅助手段来扣挂已经浇筑的梁段。以重庆礼嘉嘉陵江大桥的结构设计方案作为设计依据,将三角区的上弦梁与下弦拱各分为12个梁段。它们的结合段为13号梁段。在对下弦进行施工时,连接下弦的临时扣索与主墩墩柱,扣挂已经浇筑完成的梁段。下弦除了0号与1号节段是通过托架悬臂浇筑完成的,其余节段都是通过浇筑一段扣挂一段的施工方式完成下弦悬臂梁段的施工。上弦梁段则是在0号块上方安装临时索塔,连接上弦梁的临时扣索与索塔,与下弦施工不同的是,上弦在悬臂浇筑完成7号梁段并张拉预应力后才开始张拉1号拉索,直至上弦10号梁段悬臂浇筑完成并张拉预应力后张拉4号拉索,后续上弦梁不再增加拉索。针对上、下弦箱梁相互干扰,无法同步进行的难题,制定了上弦梁段施工滞后于下弦2个梁段,先施工下弦、后施工上弦的总体施工方案,其施工示意如图5.1所示。

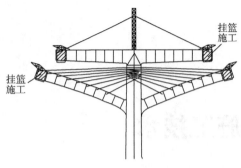

图 5.1 双扣索施工示意图

1. 施工步骤

（1）搭设托架并预压，桥墩上施工上弦梁 0 号块，施工下弦拱 0 号及 1 号块。

（2）在上弦梁架设临时塔。挂篮悬臂浇筑下弦拱 2 号块，待下弦拱 2 号块混凝土达到强度要求后，张拉下弦拱第 1 对拉索，并拆除下弦拱的托架。

（3）挂篮悬臂浇筑上弦梁 1 号块，混凝土达到一定强度后，张拉上弦梁 1 号块预应力。挂篮悬臂浇筑下弦拱 3 号块，待下弦拱 3 号块混凝土达到强度后，张拉下弦拱第 2 对拉索。

（4）挂篮悬臂浇筑上弦梁 2 号块，混凝土达到一定强度后，张拉上弦梁 2 号块预应力。挂篮悬臂浇筑下弦拱 4 号块，混凝土达到一定强度后，张拉下弦拱 4 号块预应力，再张拉下弦拱第 3 对拉索。

（5）重复步骤（4），挂篮施工到上弦梁 7 号块，待混凝土达到一定强度后，张拉预应力，张拉上弦梁第 1 对拉索。挂篮施工到下弦拱 9 号块，待混凝土达到一定强度后，张拉下弦拱 9 号块预应力，再张拉下弦拱第 8 对拉索。

（6）重复步骤（5），直到张拉完下弦拱第 10 对拉索，挂篮施工到下弦拱 12 号块并张拉预应力。挂篮施工到上弦梁 10 号块，待混凝土达到强度后，张拉预应力，张拉上弦梁第 4 对拉索。

（7）拆除下弦拱挂篮。挂篮施工到上弦梁 12 号块，待混凝土达到强度后，张拉预应力。在上弦梁、下弦拱（12 号块）之间加入楔形钢垫板，再张拉竖向预应力，将上下弦杆和钢垫板紧密结合，提前形成三角形受力结构。

（8）采用挂篮悬臂浇筑三角区结合段 13 号块混凝土。

（9）结合段 13 号块混凝土达到一定强度后，张拉预应力。拆除楔形钢垫板及竖向预紧预应力束。

（10）挂篮悬臂浇筑三角区以外主梁 14 号~25 号块，直到两端达到最大悬臂状态。

（11）利用边跨支架现浇边跨现浇段与主梁的合龙段，待合龙段混凝土达到一定强度后，张拉合龙段预应力束。

（12）拆除临时支撑塔架及上弦梁与下弦拱的临时斜拉索。

2. 施工特点

（1）在对上弦梁进行悬臂浇筑施工时，扣索被安装在桥梁上是将索塔作为支撑体系的。扣索将一些不平衡荷载以及竖向荷载产生的弯矩，传递给索塔，交由索塔来承受。

（2）为了防止在施工过程中由于抗弯刚度偏小、上弦梁在自重与挂篮等施工荷载的作用下导致顶板有拉应力出现以及梁段的上缘与下缘的应力差偏大，作为挂篮支撑构件的扣索要让索塔与桥墩来帮助主梁承受上弦箱梁施工期间的梁段自重和挂篮等施工荷载。

（3）在对空腹刚构桥进行悬臂浇筑时，无论是上弦挂篮还是下弦挂篮都主要是依靠挂篮来进行的，但是在对下弦进行悬臂浇筑时需要注意下弦箱梁是斜向梁顶面行走的，所以下弦挂篮应该设计成能适应箱梁斜率变化的新型挂篮。

（4）在对下弦箱梁进行悬臂施工时，不需要单独架设索塔作为扣索的支撑体系，可以用处于空腹区部分的主墩来支撑扣索，将扣索孔道设置在空腹区部分的主墩上，用来承受经由扣索传递的竖向荷载。

（5）施工过程中，下弦拱段由于其自重较大再加上挂篮等荷载，会产生较大的拉应力。为了避免这种情况的发生，便通过以扣索为下弦结构的加载系统来把下弦拱段施工期间的自重及挂篮等施工荷载传递到桥墩上。

5.1.2 扣索支架联合施工法

三角区扣索支架联合施工法是指利用挂篮悬臂浇筑下弦拱段，再结合相应的扣索为辅助手段，以墩柱为锚固体系扣挂系统支撑。上弦梁段也是利用挂篮为操作平台，不过上弦梁的施工与采用双扣索施工略有不同，上弦梁在完成1个梁段的浇筑并且将挂篮前移准备浇筑下一个梁段时，以对应的下弦拱段为基础并通过安装钢管支架施加一定的预顶力来支撑上弦梁，以此来保证上弦结构的安全。以重庆礼嘉嘉陵江大桥的结构设计方案作为设计依据，将三角区的上弦梁与下弦拱各分为12个梁段，它们的结合段为13号梁段。在对下弦进行施工时，连接下弦的临时扣索与主墩墩柱，扣挂已经浇筑完成的梁段。下弦除0号与1号节段通过托架悬臂浇筑完成，其余节段通过浇筑一段扣挂一段的施工方式完成下弦悬臂梁段的施工。至于上弦梁段，仍然是采用上弦挂篮悬臂浇筑完成，但是会在浇筑完成后通过搭设钢管支架由下弦拱提供支撑。与双扣索施工一样，针对上、下弦箱梁相互干扰，无法同步进行的难题，制定了上弦梁段施工滞后于下弦2个梁段，先施工下弦、后施工上弦的总体施工方案，其施工示意如图5.2所示。

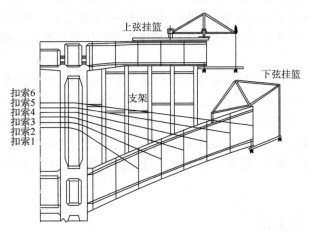

图 5.2 扣索支架联合施工示意图

1. 施工步骤

（1）搭设托架并预压，桥墩上施工上弦梁0号块。施工下弦拱0号及1号块。

（2）采用上弦挂篮施工下弦拱2号块，待下弦拱2号块混凝土达到强度后，张拉下弦拱第

1对拉索,并拆除下弦拱的托架。

(3)挂篮悬臂浇筑上弦梁1号块,混凝土达到一定强度后,张拉上弦梁1号块预应力。挂篮悬臂浇筑下弦拱3号块,同时在下弦拱1号块上安装支架支撑上弦梁1号块,待下弦拱3号块混凝土达到强度后,张拉下弦拱第2对拉索。

(4)挂篮悬臂浇筑下弦拱4号块,在下弦拱2号块上搭设支架,上弦挂篮悬臂浇筑上弦梁2号块,混凝土达到一定强度后,张拉上弦梁2号块预应力。待下弦拱4号块混凝土达到强度后,张拉对应的预应力,再张拉下弦拱第3对拉索。

(5)重复步骤(4),上弦梁施工滞后下弦拱两个节段循环向前推进。直到张拉完下弦拱第10对拉索,挂篮施工到下弦拱12号块并张拉预应力。在下弦拱10号块上搭设钢管支架,挂篮施工上弦梁10号块,待混凝土达到强度后,张拉预应力。

(6)拆除下弦拱挂篮。待上弦施工至12号块后,在上弦梁、下弦拱(12号块)之间加入楔形钢垫板,再张拉竖向预应力,将上下弦杆和钢垫板紧密结合,提前形成三角形受力结构。

(7)采用挂篮浇筑三角区结合段13号块混凝土。

(8)结合段13号块混凝土达到一定强度后,张拉预应力。拆除楔形钢垫板及竖向预紧预应力束。

(9)挂篮悬臂浇筑三角区以外主梁14号~25号块,直到两端达到最大悬臂状态。

(10)利用边跨支架现浇边跨现浇段与主梁的合龙段,待合龙段混凝土达到一定强度后,张拉合龙段预应力束。

(11)拆除上弦梁的临时支架及下弦拱的临时斜拉索。

2. 施工特点

(1)下弦拱在施工过程中存在拉压转换过程,这决定了成桥后的受力状态,需要确定合理的施工工序来保证桥梁结构体系转换的过程中不会导致受力出现较大的问题。

(2)采用全铰结构形式,挂篮整体、吊杆、后锚杆可以根据施工需求在竖向平面内一定范围内自由调整角度,满足箱梁斜率的需求,并采用止推器作斜向支撑以平衡荷载沿箱梁斜向的分力。

(3)与双扣索施工相同,使用扣索支架联合施工时,施工过程中下弦拱段由于其自重较大再加上挂篮等荷载,会产生较大的拉应力。为了避免这种情况的发生,便通过以扣索为下弦结构的加载系统来把下弦拱段施工期间的自重及挂篮等施工荷载传递到桥墩上。

(4)先安装上弦支架系统,后浇筑上弦梁段。为了保证上弦荷载能够顺利传递至下弦结构,采用三段分离式底模系统,需要对底模进行合理的分区与布置,才能解决底模前移时与支架之间的冲突问题。

5.1.3 临时腹杆施工法

临时腹杆施工法是指借助上弦梁与下弦拱之间的临时腹杆(竖杆或竖杆+斜杆),使得上弦梁与下弦拱成为临时桁架结构,以便悬臂施工上弦梁与下弦拱,直至三角区结构形成。

三角区上弦梁与下弦拱临时腹杆施工仍然是采用挂篮来悬臂浇筑上弦梁与下弦拱,与前两种方法不同的是,没有采用临时扣索来辅助施工,换成了桥架材料作为临时腹杆来辅助施工。其原理是将临时腹杆作为腹板来连接上弦梁与下弦拱,使上弦梁与下弦拱成为一个整体,从而使整个结构的受力状态靠近一般连续刚构桥。对于临时腹杆的施工,可以参考三角区扣索支架联合施工中支架的施工,在悬臂浇筑完成上弦梁段与对应的下弦拱段且混凝土强度达到要求后,安装临时腹杆来连接上弦梁段与下弦拱段,临时腹杆不仅改变了结构体系的受力,也能够起到将上弦荷载传递至下弦的作用。在临时腹杆施工中上弦梁与下弦拱段可以同步施工。以礼嘉嘉陵江大桥的结构设计方案作为设计依据,将三角区的上弦梁与下弦拱各分为12个梁段,它们的结合段为13号梁段,上弦梁与下弦拱同步施工梁段采用挂篮悬臂浇筑施工,在浇筑完成后搭设临时腹杆并分别与上弦梁、下弦拱锚固连接。

1. 施工步骤

(1)搭设托架并预压,桥墩上施工上弦梁0号块与下弦拱0号块,待混凝土达到强度后,搭设0号临时腹杆并与上弦梁与下弦拱锚固。

(2)采用挂篮悬臂浇筑上弦梁1号块的同时同步施工下弦拱1号块,待混凝土达到一定强度后,张拉上弦梁1号块预应力,再搭设1号临时腹杆并与上弦梁与下弦拱锚固,并拆除下弦拱的托架。

(3)采用挂篮施工,同步施工上弦梁2号块与下弦拱2号块,待下弦拱2号块混凝土达到强度后,张拉上弦梁2号块预应力,搭设2号临时腹杆并与上弦梁与下弦拱锚固。

(4)重复步骤(3),采用挂篮施工,同步施工到上弦梁4号块与下弦拱4号块,待下弦拱4号块混凝土达到一定强度后,张拉上弦梁4号块与下弦拱4号块预应力,搭设4号临时腹杆并与上弦梁与下弦拱锚固。

(5)重复步骤(4),同步循环向前推进上弦梁与下弦拱施工。当上弦梁11号块与下弦拱11号块都施工完成后,张拉预应力,搭设11号临时腹杆并与上弦梁与下弦拱锚固。

(6)采用挂篮施工上弦梁12号块与下弦拱12号块,混凝土达到一定强度后,张拉预应力,再拆除下弦拱挂篮。在上弦梁、下弦拱(12号块)之间加入楔形钢垫板,张拉竖向预应力,将上下弦杆和钢垫板紧密结合,提前形成三角形受力结构。

(7)采用挂篮浇筑三角区结合段13号块混凝土。

(8)结合段13号块混凝土达到一定强度后,张拉预应力。拆除楔形钢垫板及竖向预紧预应力束。

(9)挂篮悬臂浇筑三角区以外主梁14号~25号块,直到两端达到最大悬臂状态。

(10)利用边跨支架现浇边跨现浇段与主梁的合龙段,待合龙段混凝土达到一定强度后,张拉合龙段预应力束。

(11)拆除临时腹杆。

2. 施工特点

(1)三角区临时腹杆施工与双扣索施工、扣索支架联合施工不同,下弦没有扣索的帮助,所以需要特别注意施工过程中下弦拱的应力状态。

(2)临时腹杆不同于扣索支架联合施工中的支架,在临时腹杆施工中临时腹杆需要起到将上弦梁段与下弦拱段连接成一个整体的作用,所以要将临时腹杆锚固在相应的上弦梁段与下弦拱段上,这样才能使整个桥梁结构的受力体系趋向于一般的连续刚构桥。

（3）临时腹杆施工为后安装临时腹杆，挂篮底模在安装临时腹杆之前到达指定位置，在空间上不与临时腹杆交叉，但需要锚固临时腹杆。

（4）由于上弦梁、下弦拱临时腹杆施工采用上弦梁、下弦拱段同步施工的方式，因此下弦拱的托架只用于施工 0 号块，而不用于施工 1 号块。

5.2 三角区不同形成方式下的结构受力分析

5.2.1 施工过程中结构内力分析

依托重庆礼嘉嘉陵江大桥，针对不同的三角区形成方式进行结构分析，了解三角区形成方式对梁拱组合连续刚构桥结构力学性能的影响。三种施工方式的分析模型如图 5.3～图 5.5 所示，相应的施工阶段划分见表 5.1～表 5.3。

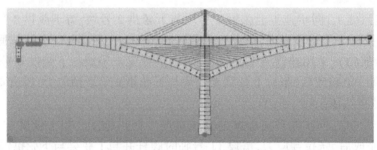

图 5.3　双扣索施工分析模型图

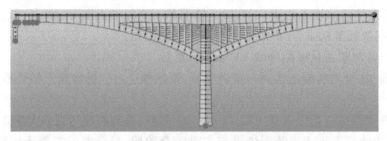

图 5.4　扣索支架联合施工分析模型图

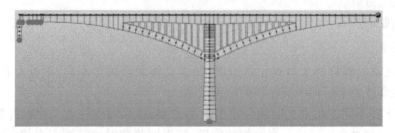

图 5.5　临时腹杆施工分析模型图

双扣索施工阶段划分 表 5.1

编号	施工阶段描述	编号	施工阶段描述
CS1	下部桥墩施工	CS43	上弦梁底板钢束张拉
CS2	P2 下弦拱托架	CS44	三角区合龙段固结
CS3	P2 主梁 0 号块,下弦拱 1 号节段浇筑	CS45	P2 主梁 13 号节段浇筑
CS4	P2 临时塔架设	CS46	P2 主梁 13 号节段对应顶板及腹板钢束张拉
CS5	P1 支架安装	CS47	上弦梁底板钢束张拉
CS6	P2 下弦拱 2 号节段浇筑	CS48	P2 主梁 14 号节段浇筑
CS7	下弦拱临时索-1 张拉	CS49	P2 主梁 14 号节段对应顶板及腹板钢束张拉
CS8	P2 下弦拱托架拆除	CS50	P2 主梁 15 号节段浇筑
CS9	P2 上弦梁 1 号节段,下弦拱 3 号节段浇筑	CS51	P2 主梁 15 号节段对应顶板及腹板钢束张拉
CS10	P2 上弦梁 1 号节段对应顶板及腹板钢束张拉	CS52	P2 主梁 16 号节段浇筑
CS11	下弦拱临时索-2 张拉	CS53	P2 主梁 16 号节段对应顶板及腹板钢束张拉
CS12	P2 上弦梁 2 号节段,下弦拱 4 号节段浇筑	CS54	P2 主梁 17 号节段浇筑
CS13	P2 上弦梁 2 号节段对应顶板及腹板钢束张拉	CS55	P2 主梁 17 号节段对应顶板及腹板钢束张拉
CS14	下弦拱临时索-3 张拉	CS56	P2 主梁 18 号节段浇筑
CS15	P2 上弦梁 3 号节段,下弦拱 5 号节段浇筑	CS57	P2 主梁 18 号节段对应顶板及腹板钢束张拉
CS16	P2 上弦梁 3 号节段对应顶板及腹板钢束张拉	CS58	P2 主梁 19 号节段浇筑
CS17	下弦拱临时索-4 张拉	CS59	P2 主梁 19 号节段对应顶板及腹板钢束张拉
CS18	P2 上弦梁 4 号节段,下弦拱 6 号节段浇筑	CS60	P2 主梁 20 号节段浇筑
CS19	P2 上弦梁 4 号节段对应顶板及腹板钢束张拉	CS61	P2 主梁 20 号节段对应顶板及腹板钢束张拉
CS20	下弦拱临时索-5 张拉	CS62	P2 主梁 21 号节段浇筑
CS21	P2 上弦梁 5 号节段,下弦拱 7 号节段浇筑	CS63	P2 主梁 21 号节段对应顶板及腹板钢束张拉
CS22	P2 上弦梁 5 号节段对应顶板及腹板钢束张拉	CS64	P2 主梁 22 号节段浇筑
CS23	下弦拱临时索-6 张拉	CS65	P2 主梁 22 号节段对应顶板及腹板钢束张拉
CS24	P2 上弦梁 6 号节段,下弦拱 8 号节段浇筑	CS66	P2 主梁 23 号节段浇筑
CS25	P2 上弦梁 6 号节段对应顶板及腹板钢束张拉	CS67	P2 主梁 23 号节段对应顶板及腹板钢束张拉
CS26	下弦拱临时索-7 及上弦梁临时索-1 张拉	CS68	P2 主梁 24 号节段浇筑
CS27	P2 上弦梁 7 号节段,下弦拱 9 号节段浇筑	CS69	P2 主梁 24 号节段对应顶板及腹板钢束张拉
CS28	P2 上弦梁 7 号节段对应顶板及腹板钢束张拉	CS70	P2 主梁 25 号节段浇筑
CS29	下弦拱临时索-8 及上弦梁临时索-2 张拉	CS71	P2 主梁 25 号节段对应顶板及腹板钢束张拉
CS30	P2 上弦梁 8 号节段,下弦拱 10 号节段浇筑	CS72	P1 主梁节段浇筑
CS31	P2 上弦梁 8 号节段对应顶板及腹板钢束张拉	CS73	P1、P2 主梁合龙
CS32	下弦拱临时索-9 及上弦梁临时索-3 张拉	CS74	P1、P2 主梁合龙处顶、底板钢束张拉
CS33	P2 上弦梁 9 号节段,下弦拱 11 号节段浇筑	CS75	P1、P2 主梁合龙处挂篮拆除
CS34	P2 上弦梁 9 号节段对应顶板及腹板钢束张拉	CS76	P2、P3 主梁合龙
CS35	下弦拱临时索-10 及上弦梁临时索-4 张拉	CS77	P2、P3 主梁合龙处顶、底板钢束张拉
CS36	P2 上弦梁 10 号节段,下弦拱 12 号节段浇筑	CS78	P2、P3 主梁合龙处挂篮拆除
CS37	P2 上弦梁 10 号节段对应顶板及腹板钢束张拉	CS79	P1 墩梁支座安装
CS38	下弦拱挂篮拆除	CS80	P1 主梁支架拆除
CS39	P2 上弦梁 11 号节段浇筑	CS81	上、下弦梁、拱临时索及上弦临时塔拆除
CS40	P2 上弦梁 11 号节段对应顶板及腹板钢束张拉	CS82	桥面铺装、附属设施等二期恒载施工
CS41	P2 上弦梁 12 号节段浇筑	CS83	收缩徐变 10 年
CS42	P2 上弦梁 12 号节段对应顶板及腹板钢束张拉		

扣索支架联合施工阶段划分　　　　　　　　　　　　　　　表 5.2

编号	施工阶段描述	编号	施工阶段描述
CS1	下部桥墩施工	CS48	上弦梁支架 11 安装
CS2	P2 下拱梁托架	CS49	P2 上弦梁 11 号节段浇筑
CS3	P2 主梁 0 号块，下弦拱 1 号节段浇筑	CS50	P2 上弦梁 11 号节段对应顶板及腹板钢束张拉
CS4	P1 支架安装	CS51	P2 上弦梁 12 号节段浇筑
CS5	P2 下弦拱 2 号节段浇筑	CS52	P2 上弦梁 12 号节段对应顶板及腹板钢束张拉
CS6	下弦拱临时索-1 张拉	CS53	上弦梁底板钢束张拉
CS7	P2 下弦拱托架拆除	CS54	三角区合龙段固结
CS8	上弦梁支架 1 安装	CS55	P2 主梁 13 号节段浇筑
CS9	P2 上弦梁 1 号节段，下弦拱 3 号节段浇筑	CS56	P2 主梁 13 号节段对应顶板及腹板钢束张拉
CS10	P2 上弦梁 1 号节段对应顶板及腹板钢束张拉	CS57	上弦梁底板钢束张拉
CS11	下弦拱临时索-2 张拉	CS58	P2 主梁 14 号节段浇筑
CS12	上弦梁支架 2 安装	CS59	P2 主梁 14 号节段对应顶板及腹板钢束张拉
CS13	P2 上弦梁 2 号节段，下弦拱 4 号节段浇筑	CS60	P2 主梁 15 号节段浇筑
CS14	P2 上弦梁 2 号节段对应顶板及腹板钢束张拉	CS61	P2 主梁 15 号节段对应顶板及腹板钢束张拉
CS15	下弦梁临时索-3 张拉	CS62	P2 主梁 16 号节段浇筑
CS16	上弦梁支架 3 安装	CS63	P2 主梁 16 号节段对应顶板及腹板钢束张拉
CS17	P2 上弦梁 3 号节段，下弦拱 5 号节段浇筑	CS64	P2 主梁 17 号节段浇筑
CS18	P2 上弦梁 3 号节段对应顶板及腹板钢束张拉	CS65	P2 主梁 17 号节段对应顶板及腹板钢束张拉
CS19	下弦拱临时索-4 张拉	CS66	P2 主梁 18 号节段浇筑
CS20	上弦梁支架 4 安装	CS67	P2 主梁 18 号节段对应顶板及腹板钢束张拉
CS21	P2 上弦梁 4 号节段，下弦拱 6 号节段浇筑	CS68	P2 主梁 19 号节段浇筑
CS22	P2 上弦梁 4 号节段对应顶板及腹板钢束张拉	CS69	P2 主梁 19 号节段对应顶板及腹板钢束张拉
CS23	下弦拱临时索-5 张拉	CS70	P2 主梁 20 号节段浇筑
CS24	上弦梁支架 5 安装	CS71	P2 主梁 20 号节段对应顶板及腹板钢束张拉
CS25	P2 上弦梁 5 号节段，下弦拱 7 号节段浇筑	CS72	P2 主梁 21 号节段浇筑
CS26	P2 上弦梁 5 号节段对应顶板及腹板钢束张拉	CS73	P2 主梁 21 号节段对应顶板及腹板钢束张拉
CS27	下弦拱临时索-6 张拉	CS74	P2 主梁 22 号节段浇筑
CS28	上弦梁支架 6 安装	CS75	P2 主梁 22 号节段对应顶板及腹板钢束张拉
CS29	P2 上弦梁 6 号节段，下弦拱 8 号节段浇筑	CS76	P2 主梁 23 号节段浇筑
CS30	P2 上弦梁 6 号节段对应顶板及腹板钢束张拉	CS77	P2 主梁 23 号节段对应顶板及腹板钢束张拉
CS31	下弦拱临时索-7 张拉	CS78	P2 主梁 24 号节段浇筑
CS32	上弦梁支架 7 安装	CS79	P2 主梁 24 号节段对应顶板及腹板钢束张拉
CS33	P2 上弦梁 7 号节段，下弦拱 9 号节段浇筑	CS80	P2 主梁 25 号节段浇筑
CS34	P2 上弦梁 7 号节段对应顶板及腹板钢束张拉	CS81	P2 主梁 25 号节段对应顶板及腹板钢束张拉
CS35	下弦拱临时索-8 张拉	CS82	P1 主梁节段浇筑
CS36	上弦梁支架 8 安装	CS83	P1、P2 主梁合龙
CS37	P2 上弦梁 8 号节段，下弦拱 10 号节段浇筑	CS84	P1、P2 主梁合龙处顶、底板钢束张拉
CS38	P2 上弦梁 8 号节段对应顶板及腹板钢束张拉	CS85	P1、P2 主梁合龙处挂篮拆除
CS39	下弦拱临时索-9 张拉	CS86	P2、P3 主梁合龙
CS40	上弦梁支架 9 安装	CS87	P2、P3 主梁合龙处顶、底板钢束张拉
CS41	P2 上弦梁 9 号节段，下弦拱 11 号节段浇筑	CS88	P2、P3 主梁合龙处挂篮拆除
CS42	P2 上弦梁 9 号节段对应顶板及腹板钢束张拉	CS89	P1 墩梁支座安装
CS43	下弦拱临时索-10 张拉	CS90	P1 主梁支架拆除
CS44	上弦梁支架 10 安装	CS91	下弦临时索及上弦临时支架拆除
CS45	P2 上弦梁 10 号节段，下弦拱 12 号节段浇筑	CS92	桥面铺装、附属设施等二期恒载施工
CS46	P2 上弦梁 10 号节段对应顶板及腹板钢束张拉	CS93	收缩徐变 10 年
CS47	下弦拱挂篮拆除		

上弦梁、下弦拱临时腹杆施工阶段划分　　　　　表5.3

编号	施工阶段描述	编号	施工阶段描述
CS1	下部桥墩施工	CS43	下弦拱挂篮拆除
CS2	P2下弦拱托架	CS44	三角区合龙段固结
CS3	P2上弦梁0号块,下弦拱0号节段浇筑	CS45	P2主梁13号节段浇筑
CS4	桁架0安装	CS46	P2主梁13号节段对应顶板及腹板钢束张拉
CS5	P1支架安装	CS47	上弦梁底板钢束张拉
CS6	P2上弦梁1号节段,下弦拱1号节段浇筑	CS48	P2主梁14号节段浇筑
CS7	P2上弦梁1号节段对应顶板及腹板钢束张拉	CS49	P2主梁14号节段对应顶板及腹板钢束张拉
CS8	桁架1安装	CS50	P2主梁15号节段浇筑
CS9	P2下弦拱托架拆除	CS51	P2主梁15号节段对应顶板及腹板钢束张拉
CS10	P2上弦梁2号节段,下弦拱2号节段浇筑	CS52	P2主梁16号节段浇筑
CS11	P2上弦梁2号节段对应顶板及腹板钢束张拉	CS53	P2主梁16号节段对应顶板及腹板钢束张拉
CS12	桁架2安装	CS54	P2主梁17号节段浇筑
CS13	P2上弦梁3号节段,下弦拱3号节段浇筑	CS55	P2主梁17号节段对应顶板及腹板钢束张拉
CS14	P2上弦梁3号节段对应顶板及腹板钢束张拉	CS56	P2主梁18号节段浇筑
CS15	桁架3安装	CS57	P2主梁18号节段对应顶板及腹板钢束张拉
CS16	P2上弦梁4号节段,下弦拱4号节段浇筑	CS58	P2主梁19号节段浇筑
CS17	P2上弦梁4号节段对应顶板及腹板钢束张拉	CS59	P2主梁19号节段对应顶板及腹板钢束张拉
CS18	桁架4安装	CS60	P2主梁20号节段浇筑
CS19	P2上弦梁5号节段,下弦拱5号节段浇筑	CS61	P2主梁20号节段对应顶板及腹板钢束张拉
CS20	P2上弦梁5号节段对应顶板及腹板钢束张拉	CS62	P2主梁21号节段浇筑
CS21	桁架5安装	CS63	P2主梁21号节段对应顶板及腹板钢束张拉
CS22	P2上弦梁6号节段,下弦拱6号节段浇筑	CS64	P2主梁22号节段浇筑
CS23	P2上弦梁6号节段对应顶板及腹板钢束张拉	CS65	P2主梁22号节段对应顶板及腹板钢束张拉
CS24	桁架6安装	CS66	P2主梁23号节段浇筑
CS25	P2上弦梁7号节段,下弦拱7号节段浇筑	CS67	P2主梁23号节段对应顶板及腹板钢束张拉
CS26	P2上弦梁7号节段对应顶板及腹板钢束张拉	CS68	P2主梁24号节段浇筑
CS27	桁架7安装	CS69	P2主梁24号节段对应顶板及腹板钢束张拉
CS28	P2上弦梁8号节段,下弦拱8号节段浇筑	CS70	P2主梁25号节段浇筑
CS29	P2上弦梁8号节段对应顶板及腹板钢束张拉	CS71	P2主梁25号节段对应顶板及腹板钢束张拉
CS30	桁架8安装	CS72	P1主梁节段浇筑
CS31	P2上弦梁9号节段,下弦拱9号节段浇筑	CS73	P1、P2主梁合龙
CS32	P2上弦梁9号节段对应顶板及腹板钢束张拉	CS74	P1、P2主梁合龙处顶、底板钢束张拉
CS33	桁架9安装	CS75	P1、P2主梁合龙处挂篮拆除
CS34	P2上弦梁10号节段,下弦拱10号节段浇筑	CS76	P2、P3主梁合龙
CS35	P2上弦梁10号节段对应顶板及腹板钢束张拉	CS77	P2、P3主梁合龙处顶、底板钢束张拉
CS36	桁架10安装	CS78	P2、P3主梁合龙处挂篮拆除
CS37	P2上弦梁11号节段,下弦拱11号节段浇筑	CS79	P1墩梁支座安装
CS38	P2上弦梁11号节段对应顶板及腹板钢束张拉	CS80	P1主梁支架拆除
CS39	桁架11安装	CS81	上、下弦梁、拱临时索及上弦临时塔拆除
CS40	P2上弦梁12号节段,下弦拱12号节段浇筑	CS82	桥面铺装、附属设施等二期恒载施工
CS41	P2上弦梁12号节段对应顶板及腹板钢束张拉	CS83	收缩徐变10年
CS42	上弦梁底板钢束张拉		

1. 上弦梁内力分析

针对三种三角区形成方式下的对应关键施工阶段,即双扣索施工:CS3、CS26、CS35、CS41、CS44、CS72、CS73、CS76 及 CS82;扣索支架联合施工:CS3、CS31、CS43、CS51、CS54、CS82、CS83、CS86 及 CS92;临时腹杆施工:CS3、CS24、CS33、CS40、CS44、CS72、CS73、CS76 及 CS82,三种三角区形成方式下的墩顶 0 号块内力分析结果见表5.4~表5.6。

墩顶 0 号块最大轴力   表 5.4

施工阶段	最大轴力(kN)		
	双扣索施工	扣索支架联合施工	临时腹杆施工
CS(3/3/3)	99.75	99.75	99.75
CS(26/31/24)	−230745.2	−224631.5	−222032.0
CS(35/43/33)	−289676.3	−269865.6	−257163.8
CS(41/51/40)	−321475.6	−296971.8	−263539.5
CS(44/54/44)	−331244.5	−306749.8	−279125.8
CS(72/82/72)	−446452.8	−421866.5	−406085.0
CS(73/83/73)	−451890.5	−428459.8	−411831.4
CS(76/86/76)	−449569.6	−424360.7	−408700.2
CS(82/92/82)	−399986.0	−401107.5	−401022.9

注:表中受拉为"+"(表中省略),受压为"−"。下同。

墩顶 0 号块最大弯矩   表 5.5

施工阶段	最大弯矩(kN·m)		
	双扣索施工	扣索支架联合施工	临时腹杆施工
CS(3/3/3)	2600.0	2600.0	2600.0
CS(26/31/24)	311476.1	339639.2	138716.2
CS(35/43/33)	524685.0	326820.9	95235.5
CS(41/51/40)	259066.2	166833.1	61309.6
CS(44/54/44)	288801.5	195363.0	71588.5
CS(72/82/72)	326505.0	301980.2	74102.6
CS(73/83/73)	325927.5	302035.4	75983.3
CS(76/86/76)	319217.8	251371.1	73300.1
CS(82/92/82)	−46682.5	−82025.1	18353.8

墩顶 0 号块最大剪力绝对值   表 5.6

施工阶段	最大剪力绝对值(kN)		
	双扣索施工	扣索支架联合施工	临时腹杆施工
CS(3/3/3)	3564.7	3564.7	3564.7
CS(26/31/24)	25874.5	18531.2	12719.3
CS(35/43/33)	27332.0	22056.2	14136.7

续上表

施工阶段	最大剪力绝对值(kN)		
	双扣索施工	扣索支架联合施工	临时腹杆施工
CS(41/51/40)	34953.1	25238.9	14373.3
CS(44/54/44)	35575.8	25875.8	14920.3
CS(72/82/72)	42457.6	28823.1	19403.9
CS(73/83/73)	42972.2	29756.9	18568.7
CS(76/86/76)	43265.7	29687.1	20875.6
CS(82/92/82)	53794.8	52043.6	51615.4

三种三角区形成方式下上弦梁的上、下弦结合端内力分析结果见表5.7、表5.8。

上弦梁的上、下弦结合端最大轴力 表5.7

施工阶段	最大轴力(kN)					
	双扣索施工		扣索支架联合施工		临时腹杆施工	
	左	右	左	右	左	右
CS(44/54/44)	-52670.0	-52670.0	-52596.0	-52596.0	-52060.0	-52060.0
CS(72/82/72)	-289687.0	-289695.0	-289687.0	-289695.0	-289699.0	-289707.0
CS(73/83/73)	-290362.0	-288655.0	-290385.0	-288655.0	-290580.0	-288670.0
CS(76/86/76)	-287915.0	-291211.0	-287875.0	-291247.0	-287525.0	-291508.0
CS(82/92/82)	-289281.0	-288627.0	-289611.0	-287628.0	-289312.0	-287633.0

上弦梁的上、下弦结合端最大弯矩 表5.8

施工阶段	最大弯矩(kN·m)					
	双扣索施工		扣索支架联合施工		临时腹杆施工	
	左	右	左	右	左	右
CS(44/54/44)	-82999.1	-83003.6	-84293.1	-84293.2	-83833.1	-83832.3
CS(72/82/72)	213809.6	212974.2	213809.5	212974.1	213855.1	213019.6
CS(73/83/73)	256502.9	289736.3	256059.5	289736.1	252661.2	289796.1
CS(76/86/76)	279513.1	231459.4	280813.2	231261.5	290979.3	229097.3
CS(82/92/82)	213327.6	251486.8	185297.3	240927.5	211929.6	265648.9

由表5.4～表5.8可见,无论采用哪种三角区形成方式,上弦梁基本处于受压状态,且在同一施工阶段时,0号块以及上弦梁的上、下弦结合端截面轴力相差很小。采用双扣索施工三角区时0号块的最大剪力值普遍要大,同时扣索支架联合施工三角区时0号块的最大剪力值较临时腹杆施工三角区时更大,但是在施加二期恒载阶段三种三角区形成方式所对应的0号块的最大剪力值相差较小。比较而言,采用双扣索施工三角区时0号块的剪力变化更小,采用不同三角区形成方式对于成桥状态0号块的剪力影响较小。

采用双扣索施工和扣索支架联合施工时,0号块均是在施加二期恒载阶段才出现负弯矩;而采用临时腹杆施工三角区时,在整个施工阶段0号块没有出现负弯矩,且在施加二期恒载之前0号块的正弯矩较另外两种施工方式要小。

采用扣索支架联合施工三角区时,施加二期恒载阶段0号块的负弯矩要比采用双扣索施工方式大。

2. 下弦拱内力分析

同样针对三种三角区形成方式下的对应关键施工阶段进行分析,三种三角区形成方式下的下弦拱拱墩结合端最大轴力、弯矩、剪力分析结果分别见表5.9～表5.11。

下弦拱拱墩结合端最大轴力　　　　　　表5.9

施工阶段	最大轴力(kN)		
	双扣索施工	扣索支架联合施工	临时腹杆施工
CS(3/3/3)	-458.2	-458.2	-286.7
CS(26/31/24)	-34610.4	-39147.1	-20757.6
CS(35/43/33)	-52574.4	-60569.7	-40592.4
CS(41/51/40)	-54033.4	-67606.1	-69740.7
CS(44/54/44)	-54494.3	-68162.9	-66559.8
CS(72/82/72)	-165259.1	-181010.5	-171711.6
CS(73/83/73)	-160750.0	-173611.4	-164799.3
CS(76/86/76)	-164792.8	-180681.2	-171878.0
CS(82/92/82)	-161894.5	-160147.8	-163678.4

下弦拱拱墩结合端最大弯矩　　　　　　表5.10

施工阶段	最大弯矩(kN·m)		
	双扣索施工	扣索支架联合施工	临时腹杆施工
CS(3/3/3)	1152.5	1152.5	443.7
CS(26/31/24)	85448.0	35610.0	-73667.0
CS(35/43/33)	132227.4	-45711.2	-99877.2
CS(41/51/40)	77189.5	-141035.3	-110655.1
CS(44/54/44)	82658.5	-124568.4	-107120.1
CS(72/82/72)	266771.6	34683.5	56371.6
CS(73/83/73)	257919.6	30903.1	-69409.9
CS(76/86/76)	259493.9	31033.5	-72063.7
CS(82/92/82)	29925.0	-44463.7	-14505.8

下弦拱拱墩结合端最大剪力绝对值　　　　　　表5.11

施工阶段	最大剪力绝对值(kN)		
	双扣索施工	扣索支架联合施工	临时腹杆施工
CS(3/3/3)	1051.3	1051.3	656.6
CS(26/31/24)	2262.5	8139.0	29928.2
CS(35/43/33)	4266.8	10386.0	36659.5

续上表

施工阶段	最大剪力绝对值(kN)		
	双扣索施工	扣索支架联合施工	临时腹杆施工
CS(41/51/40)	3780.3	13902.6	39017.1
CS(44/54/44)	3973.3	13569.1	39286.2
CS(72/82/72)	15303.1	4939.9	31917.8
CS(73/83/73)	14635.2	5705.0	33696.2
CS(76/86/76)	15022.8	5662.3	33701.3
CS(82/92/82)	1983.1	1550.6	1292.1

由表5.9~表5.11可知,在同一施工阶段,不同的三角区形成方式下下弦拱拱墩结合端的轴力相差较小。临时腹杆施工时大部分施工阶段下弦拱拱墩结合端剪力最大,且双扣索施工时下弦拱剪力普遍小于另外两种三角区形成方式。对于临时腹杆施工,下弦拱剪力远大于另外两种三角区形成方式,只有在施加二期恒载时三种施工方式下下弦拱拱墩结合端剪力相差不大。

对于扣索支架联合施工与临时腹杆施工,下弦拱拱墩结合端都是在施工中期就出现了负弯矩,并且采用扣索支架联合施工时,边跨合龙之后下弦拱的最大负弯矩都出现在下弦拱中部位置。

可见,采用双扣索施工三角区对于下弦拱的受力更有利,能够避免其出现较大的剪力以及负弯矩。

5.2.2 施工过程中结构应力分析

针对重庆礼嘉嘉陵江大桥施工过程进行分析,三角区上弦梁、下弦拱结构应力见表5.12。

施工阶段主梁最大应力 表5.12

施工阶段	上弦梁上缘压应力最大值(MPa)			上弦梁下缘压应力最大值(MPa)			下弦拱应力最大值(MPa)			下弦拱下缘压应力最大值(MPa)		
	双扣索施工	扣索支架联合施工	临时腹杆施工	双扣索施工	扣索支架联合施工	临时腹杆施工	双扣索施工	扣索支架联合施工	临时腹杆施工	双扣索施工	扣索支架联合施工	临时腹杆施工
三角区形成	-16.1	-11.5	-9.9	-11.7	-10.2	-6.4	-5.8	-2.7	-4	-4	-8.1	-7.4
主梁最大悬臂	-20.5	-16.9	-13.7	-25.7	-24.4	-15.2	-18.3	-13.3	-10.8	-14.5	-13.9	-10.7
中跨合龙	-20.5	-16.9	-13.8	-25.7	-24.4	-15.1	-17.9	-13	-10.6	-14.5	-13.9	-10.5
拆除临时构件	-15.3	-14.1	-15.2	-17.2	-19.7	-16.9	-11.3	-12	-13.8	-10.7	-12.6	-11.6

由表5.12可知,采用不同的三角区形成方式形成三角区并完成桥梁施工的过程中,压应力与拉应力都在控制范围内。不同三角区形成方式下下弦拱压应力随着主梁节段悬臂浇筑逐

渐增大,且无论是哪种三角区形成方式,施工至最大悬臂状态时其压应力达到最大值,尤其是下弦拱顶板处于较高的应力水平。在拆除临时辅助构件之前,双扣索施工时压应力最大,其次是扣索支架联合施工。对于临时腹杆施工,临时腹杆在架设过程中,下弦拱由于无临时拉索而存在较大拉应力。在拆除施工临时辅助构件阶段,双扣索施工以及扣索支架联合施工下的主梁压应力都会减小,而临时腹杆施工下的主梁压应力增大,且双扣索施工下的主梁压应力比另外两种施工下的主梁压应力更小。

5.3 三角区双扣索施工法形成过程结构分析

依托重庆礼嘉嘉陵江大桥建设,针对采用双扣索施工法形成三角区的过程进行结构分析。

5.3.1 上弦梁扣索数量确定

对于三角区双扣索施工,分别在上弦梁设置3对、4对、5对以及6对临时扣索(分析模型见图5.6)。通过分析其对结构受力的影响,确定合适的临时扣索数量。

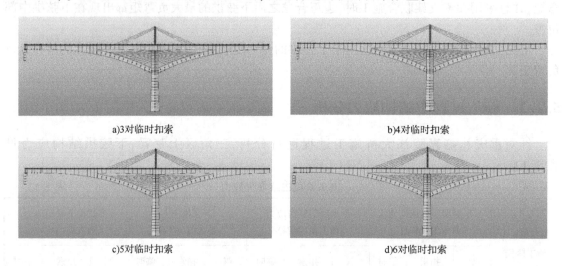

图5.6 三角区双扣索施工中上弦梁不同数量临时扣索模型

在其他参数不变的情况下,针对上弦梁临时扣索的数量分别为3对、4对、5对、6对时,对其进行结构分析,结果表明,在最大悬臂状态下上弦梁底板的最大压应力分别为26.4MPa、25.7MPa、24.6MPa、23.3MPa,即随着上弦梁临时扣索数量的增加,最大悬臂状态下上弦梁底板混凝土的压应力减小。

上弦梁临时扣索数量-成桥阶段上弦梁正截面最大压应力关系见图5.7。可见,随着上弦梁临时扣索数量的增加,成桥时上弦梁下缘压应力降低,上缘压应力增大。

综合考虑施工及成桥时上弦梁受力情况,上弦梁采用4对或5对临时扣索较为合适。

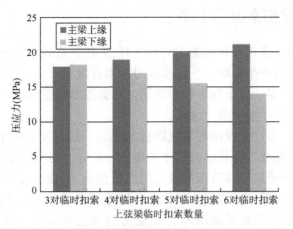

图 5.7 上弦扣索数量-成桥阶段上弦梁正截面最大压应力关系

5.3.2 临时辅助塔高度

采用双扣索施工三角区时,上弦梁临时扣索需要借助临时辅助塔形成。为了了解辅助塔高度的变化对施工阶段以及成桥阶段结构的影响,在其他参数不变的情况下,分别对高度 10m、15m、20m 以及 25m 的辅助塔下的结构进行分析,辅助塔高度-成桥阶段上弦梁正截面最大压应力关系见图 5.8。

由图 5.8 可知,随着辅助塔高度的增加,上弦梁上缘压应力增大,下缘压应力减小。

短期效应组合下 0 号块顶板应力-辅助塔高度关系见图 5.9。

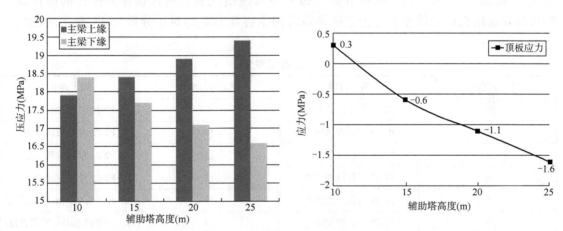

图 5.8 辅助塔高度-成桥阶段上弦梁正截面最大压应力关系　图 5.9 短期效应组合下 0 号块顶板应力-辅助塔高度关系

由图 5.9 可知,短期效应组合下,随着辅助塔高度的增加,0 号块的压应力储备越大。在辅助塔高度为 10m 时,0 号块上缘已经出现了拉应力 0.3MPa,对于主梁结构的受力不利。

综合考虑,辅助塔高度为 15～20m 较为合理。

5.3.3 下弦拱临时扣索拆除工序

梁拱组合连续刚构桥采用双扣索施工三角区时,下弦拱临时扣索的拆除时机、顺序对施工阶段以及成桥阶段的结构产生影响。下弦拱临时扣索拆除有以下三种方式:

一是同步拆除,即在最后将下弦拱扣索连同上弦梁扣索和辅助塔一起拆除,该方式可能导致结构体系在转换的过程中受力变化过大。

二是自上而下拆除,即在上弦梁与下弦拱合龙之后开始逐步拆除下弦拱临时扣索。因为三角区未完成施工之前需要下弦拱临时扣索来传递一部分力到桥墩处,以控制下弦拱的受力,而且上弦梁是在13号块浇筑完成后张拉最后的底板预应力,故应在14号块完成浇筑并张拉顶板和腹板预应力后开始拆除下弦拱临时扣索。拆除顺序是从下往上拆除下弦拱临时扣索,以避免在最后拆除所有扣索和辅助塔时主梁受力变化过大以及施工阶段下弦拱受拉变形过大。

三是上下交替拆除,也是在上弦梁与下弦拱合龙之后开始逐步拆除下弦拱临时扣索,与第二种方式不同的是从外开始拆除,先拆除下弦拱最上方扣索10,再拆除最下方扣索1,接着拆除下弦拱扣索中剩下的最上方扣索9,然后拆除最下方扣索2,以此类推来完成下弦拱临时扣索的上下拆除。

1. 施工阶段结构受力分析

对于不同的下弦拱临时扣索拆除工序,主梁在施工过程中的受力情况也会有所不同,为了研究哪一种拆除方案更有利于主梁结构的受力,需要通过有限元分析结果来比较。为了便于分析对比,且结合三种下弦拱临时扣索拆除方案都是在14号块张拉完预应力后才有差异,故从14号块预应力张拉开始将每一节段浇筑完成且进行预应力张拉的阶段以及拆除临时辅助构件阶段作为三种下弦拱临时扣索拆除方案的对比分析阶段,施工阶段划分见表5.13。

施工阶段划分　　　　　　　　　　　　　　　表5.13

施工阶段编号	施工内容	施工阶段编号	施工内容
1	P2-14号张拉预应力	9	P2-22号张拉预应力
2	P2-15号张拉预应力	10	P2-23号张拉预应力
3	P2-16号张拉预应力	11	P2-24号张拉预应力
4	P2-17号张拉预应力	12	P2-25号张拉预应力
5	P2-18号张拉预应力	13	K1合龙后Tb/Db钢束张拉
6	P2-19号张拉预应力	14	K2合龙后Tc/Da钢束张拉
7	P2-20号张拉预应力	15	拆除临时辅助构件
8	P2-21号张拉预应力		

注:Tb/Db/Tc/Da为合龙段预应力钢束编号。

(1)在完成三角区合龙后的施工过程中,不同的下弦拱临时扣索拆除工序对应的上弦梁应力以及弯矩情况如图5.10所示。

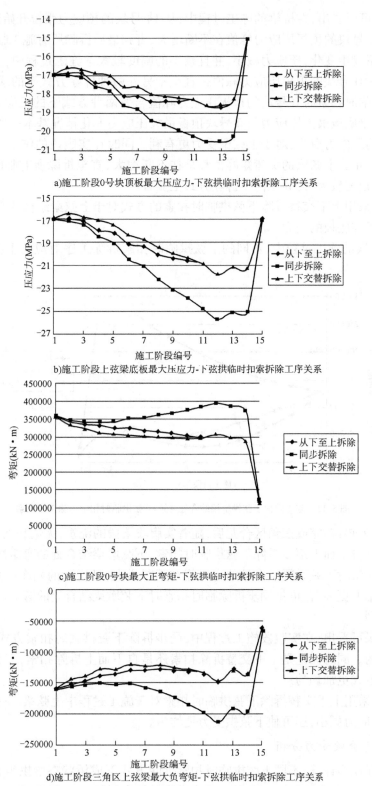

a)施工阶段0号块顶板最大压应力-下弦拱临时扣索拆除工序关系

b)施工阶段上弦梁底板最大压应力-下弦拱临时扣索拆除工序关系

c)施工阶段0号块最大正弯矩-下弦拱临时扣索拆除工序关系

d)施工阶段三角区上弦梁最大负弯矩-下弦拱临时扣索拆除工序关系

图5.10 不同的下弦拱临时扣索拆除工序与对应上弦梁应力及弯矩关系

由图 5.10 可以看出,在桥梁的施工过程中,从 14 号块的预应力张拉开始到拆除所有临时辅助构件之前 0 号块的顶板压应力峰值在不断增大,直到最后拆除所有施工临时辅助构件,主梁结构受力体系发生变化,压应力减小,并且减小的幅度较大。施工过程中,上下交替拆除下弦拱临时扣索时 0 号块的顶板压应力峰值一直小于另外两种拆除方式下的顶板压应力峰值,同时,同步拆除临时扣索时 0 号块的顶板压应力峰值与另两种方式下的压应力峰值差距最大近 4MPa。上弦梁底板最大压应力与 0 号块顶板最大压应力变化情况基本一致,也是上下交替拆除时 0 号块的压应力更小,对于上弦梁受力更有利。同时在实腹段的施工过程中,0 号块的正弯矩峰值与三角区上弦梁的负弯矩峰值都是在不断增大,直至拆除所有临时辅助构件时减小,并且减小的幅度较大,尤其是同步拆除方式更显著。

由此可知,采用上下交替拆除下弦拱临时扣索的方式对于上弦梁结构的受力最有利,能够缓解上弦梁顶板与底板的受力。

(2)在实腹段的施工过程中,不同的下弦拱临时扣索拆除工序对应的下弦拱受力情况如图 5.11 所示。

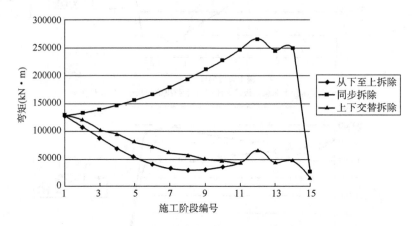

图 5.11 施工阶段下弦拱墩梁结合处弯矩-下弦拱临时扣索拆除工序关系

由图 5.11 可知,在完成三角区合龙后,随着实腹段梁段的浇筑,无论是上下交替拆除下弦拱临时扣索还是自下而上逐步拆除下弦拱临时扣索,下弦墩梁结合处的弯矩均在不断减小,而同步拆除临时扣索时下弦墩梁结合处的弯矩值在不断增大,且增大的幅度比另外两种方式下弯矩值减小的幅度更显著,可见同步拆除临时扣索时下弦墩梁结合处的弯矩值突变非常明显,对结构受力不利。

从分析结果可看出,在实腹段施工过程中,同步拆除下弦拱临时扣索方式下,下弦拱正弯矩峰值是最大的。同时无论是上下交替拆除扣索还是自下而上拆除扣索,下弦拱的应力分布都比同步拆除方式更加均匀。

综上所述,采用上下交替拆除下弦拱临时扣索对于施工过程中上弦梁、下弦拱的受力都是最有利的,不仅应力更小,还可使下弦拱受力更均匀。

2. 主梁成桥阶段受力分析

通过有限元模型计算,不同下弦拱临时扣索拆除方式下成桥状态梁拱组合连续刚构桥主梁三角区合龙处的弯矩如图 5.12 所示。下弦拱临时扣索拆除工序-恒载下关键区域弯矩关系见图5.13。不同下弦拱临时扣索拆除方式下,短期效应组合下上弦梁顶板应力见图5.14。

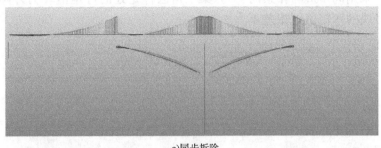
a)同步拆除

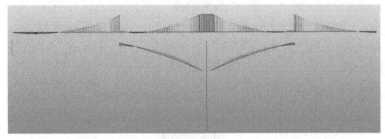
b)上下交替拆除

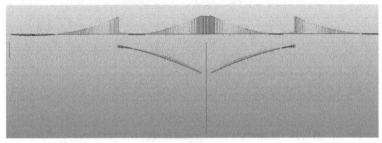
c)自下而上拆除

图5.12　恒载作用下主梁三角区合龙处弯矩图

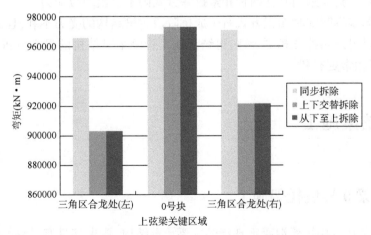

图5.13　下弦拱临时扣索拆除工序-恒载下关系区域弯矩关系

由图 5.13 可知,下弦拱临时扣索拆除工序的变化几乎不影响成桥后恒载作用下的下弦拱弯矩分布情况。采用同步拆除扣索时,上弦梁三角区合龙处的弯矩值较另外两种拆除方式大 7% 左右,而 0 号块的弯矩值则相差不大。

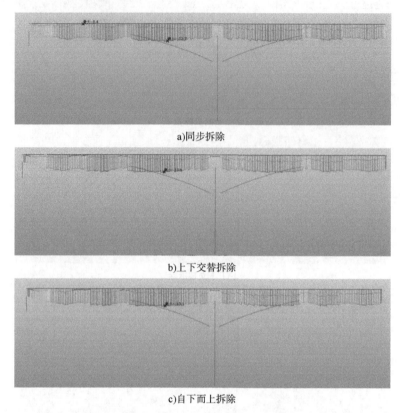

a)同步拆除

b)上下交替拆除

c)自下而上拆除

图 5.14　短期效应组合下上弦梁顶板应力图(单位:MPa)

由图 5.14 可以看出:在短期效应组合下,若采用同步拆除扣索方式,20 号块与 21 号块之间顶板会出现拉应力,而采用其他两种扣索拆除方式则不会出现拉应力。

综上,采用同步拆除临时扣索方式对于成桥阶段主梁结构的受力不利,且出现开裂的可能性较大,所以选择另外两种方式更合适,再结合施工阶段主梁结构的受力分析,选择上下交替拆除下弦拱临时扣索更有利。

5.4　上弦梁施工

5.4.1　上弦梁 0 号块托架施工

0 号块托架是 0 号块箱梁混凝土现浇的主要承重结构,要求其具有足够的强度、刚度和稳定性。上部 0 号块为常规结构,施工工艺较为成熟。在墩身上安装托架形成牛腿,用型钢作为支撑梁,上铺工字型钢作为分配梁,形成满铺支架平台,然后进行预压以检验托架体系的承载能力,消除托架的非弹性变形以及为立模高程提供数据,支架上立模现浇梁段混凝土。0号块两端头分别设置一道施工通道,以方便安拆箱梁端头模板等施工使用,其他面设置防护栏杆和防护网。

1. 托架设计

常规矩形墩一般只需要在墩身前后设置支架或者托架,而重庆礼嘉嘉陵江大桥墩身高65.5m,且为六边形,需要在六个边设置托架,如图5.15所示。

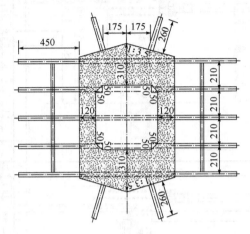

图5.15 主墩0号块托架布置示意图(尺寸单位:cm)

2. 托架安装、拆除及预压

主墩0号块托架采用塔式起重机吊装,与下弦拱0号块三角托架施工安装工艺相同,托架逐个起吊就位后,上口采用精轧螺纹钢对拉固定,下口焊接于预埋钢板上,固结前需测量复核每片托架的高程及垂直度等,最后施加平联形成整体,平铺分配梁、安装模板后进行预压(图5.16)。

图5.16 主墩0号块托架预压

5.4.2 上弦梁挂篮悬浇施工

1. P2/P3主墩上弦梁挂篮设计

P2/P3主墩上弦梁采用菱形挂篮形式,挂篮主要由主桁承重系统、悬吊系统、锚固系统、行走系统、模板及操作平台系统组成,设计总图如图5.17所示。

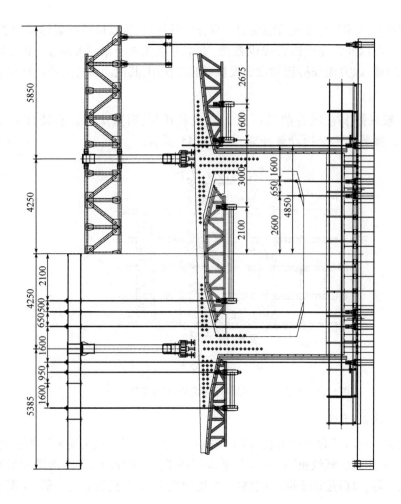
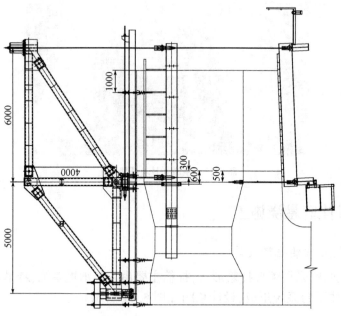

图 5.17 上弦梁挂篮施工总体布置图（尺寸单位：mm）

(1)承重系统

承重系统主要由三片承重主桁、前横梁、后横梁及联系桁架组成。承重主桁共2片,主要由16mm和8mm厚钢板焊接成箱形截面杆件;前横梁承担前悬吊承受的荷载,用钢板焊接成工字钢梁;后横梁及联系桁架将两片承重主桁连接成整体(图5.18、图5.19)。

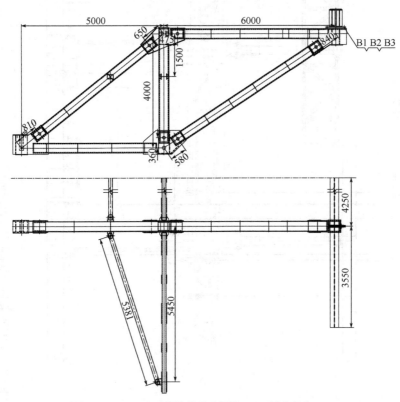

图5.18 P2/P3上弦梁挂篮承重系统(一)(尺寸单位:mm)

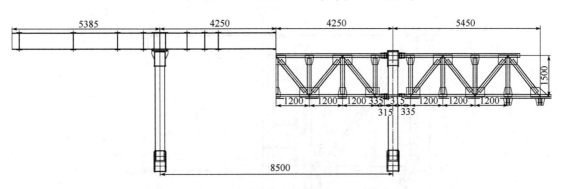

图5.19 P2/P3上弦梁挂篮承重系统(二)(尺寸单位:mm)

(2)悬吊系统

悬吊系统分为前后两部分,主要由精轧螺纹钢、分配梁和千斤顶组成,前悬吊将悬臂梁及施工荷载传递至前横梁,后悬吊在挂篮行走时作为外模后吊点,同时将该部分荷载传至后桁架(图5.20~图5.22)。

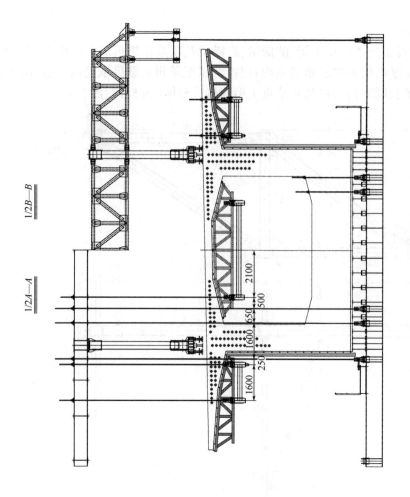

图 5.20 P2/P3 上弦梁挂篮悬吊系统(尺寸单位:mm)

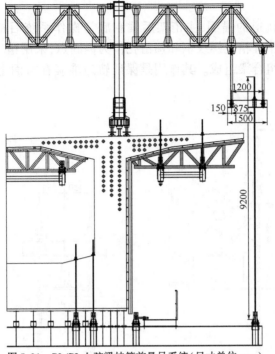

图 5.21　P2/P3 上弦梁挂篮前悬吊系统(尺寸单位:mm)

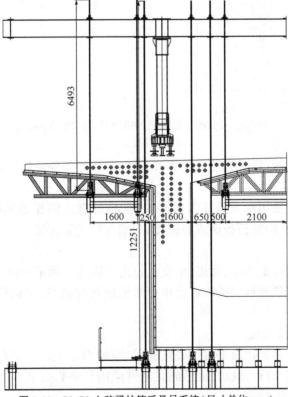

图 5.22　P2/P3 上弦梁挂篮后悬吊系统(尺寸单位:mm)

(3)锚固系统

锚固系统包括行走轨道的锚固、主桁架后锚和底篮操作系统后锚(图5.23～图5.25)。主桁滑梁锚固利用箱梁预埋精轧螺纹钢和预留孔作为锚固点,采用精轧螺纹钢作为锚杆,加上与槽钢上下焊接钢板的组合梁组成。其作用是保证轨道准确在桥面上定位,同时作为轨道承受行走小车的受力支点。

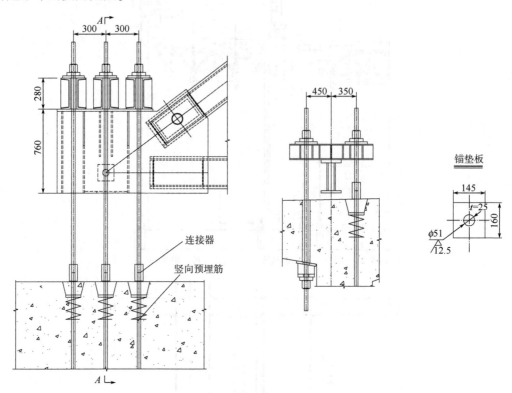

图5.23　P2/P3上弦梁挂篮锚固系统(尺寸单位:mm)

t-厚度

主桁架后锚由分配梁、精轧螺纹钢锚具等组成,其作用是保证挂篮系统浇筑混凝土的抗倾覆稳定性。

底篮操作系统后锚采用标准强度为785MPa的精轧螺纹钢作为锚杆,锚杆穿过已经浇筑节段混凝土,上端锚固在箱梁顶板面或底板面,下端与后托梁连接。

(4)行走系统

行走系统包括主桁行走小车、轨道、前支点行走滑船等。承重主桁架通过前支点行走滑船和后端行走小车在箱梁顶面铺设的轨道上由行走油缸顶推前移,主桁行走小车车轮卡在轨道翼缘,确保施工安全。

(5)操作平台及模板系统

操作平台系统包括桁架顶面平台及底篮前后、两侧操作平台。平台形成完整可通达施工作业点的施工操作空间及行走通道,能够满足悬臂梁内外模板安装、对拉螺杆拆装、锚固组件的拆装及挂篮位置调整等功能。

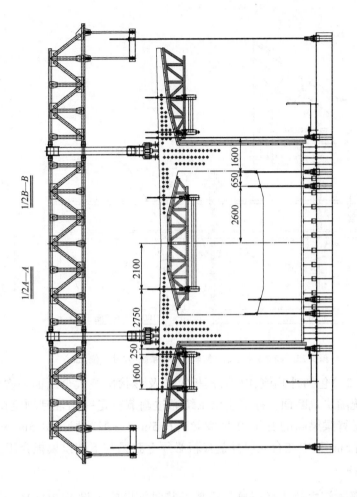

图 5.24 P2/P3 上弦梁挂篮后锚固系统（尺寸单位：mm）

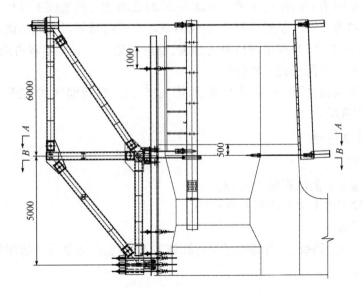

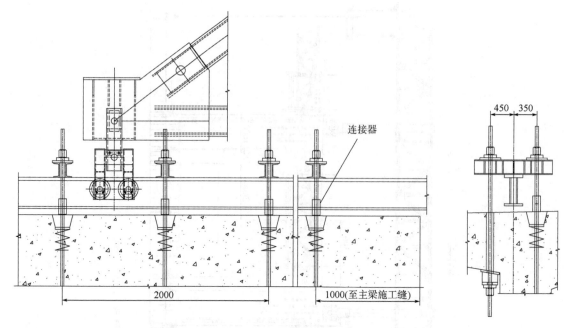

图5.25 P2/P3上弦梁挂篮轨道锚固系统(尺寸单位:mm)

模板系统(图5.26)包括外侧模、内模,模板尺寸及形状按最大全断面一次性浇筑箱梁混凝土设计。模板系统随浇筑断面与挂篮主桁系统通过调节行走一次性到预定位置,上弦梁混凝土浇筑时须注意悬臂梁梁高的变化,0号段梁高6.5m→一般梁段梁高5m→合龙段梁高约11m→一般梁段梁高5m,其中在合龙段挂篮模板必须上弦梁与下弦拱模板合用。

2. 临时塔架设计

作为重庆礼嘉嘉陵江大桥上弦梁施工重要的临时辅助施工设备,P2/P3墩顶临时塔架在设计时应重点考虑临时塔架的结构形式和承载力,同时要考虑与挂篮施工过程中的安装空间、挂篮运行及上弦梁本身预埋件位置是否冲突,结合现场塔式起重机最大起吊能力、塔式起重机伸出桥面后稳定能力、P3墩升降电梯位置等因素,临时塔架设计必须本着占用墩顶空间相对较小、承载能力大、安全有保证的原则进行。

临时塔架主要由锚箱、锚箱横撑、索导管、弧形底座、钢立柱及埋件、塔架基础等部分组成,设计总图如图5.27所示。

3. 临时塔架制作、安装

1)施工工艺流程

(1)临时塔架施工工艺流程见图5.28。

(2)临时塔架拉索施工工艺流程见图5.29。

(3)临时塔架拆卸。

待预应力拉索卸荷拆除后进行临时塔架拆卸施工,按照临时塔架安装顺序倒序拆除,拆除顺序见图5.30。

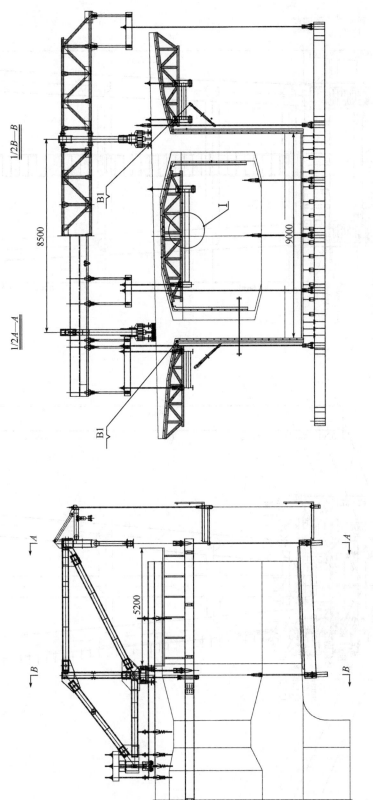

图 5.26 P2/P3 上弦梁挂篮模板系统（尺寸单位：mm）

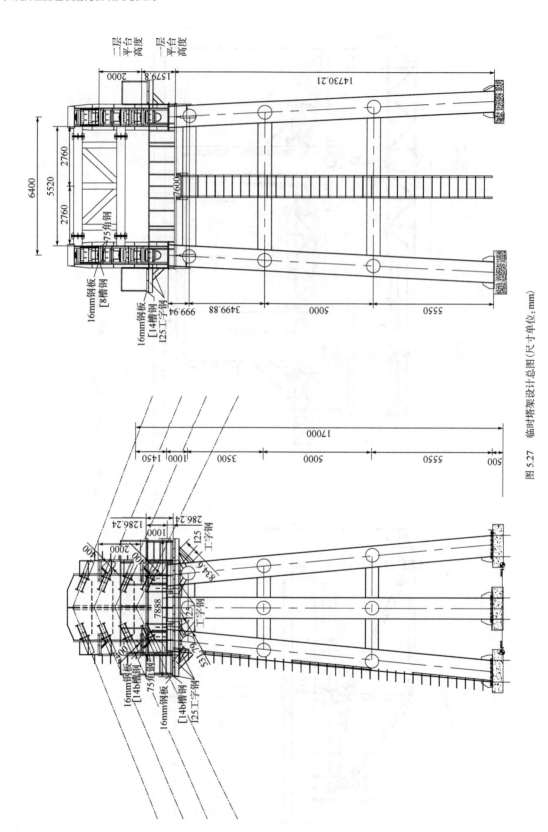

图 5.27 临时塔架设计总图 (尺寸单位:mm)

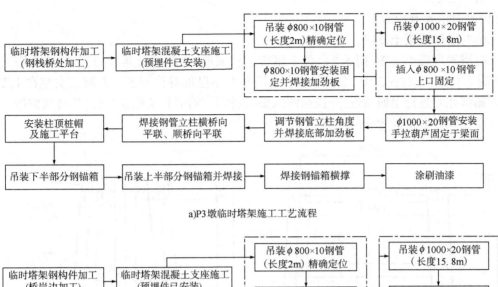

图 5.28 临时塔架施工工艺流程

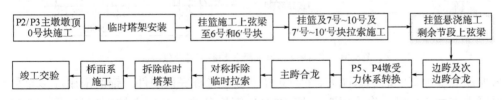

图 5.29 临时塔架拉索施工工艺流程

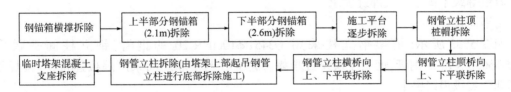

图 5.30 临时塔架拆卸施工工艺流程

2）施工方法

（1）临时塔架制作加工

①临时塔架混凝土支座。

临时塔架混凝土支座(图5.31)位于钢管立柱底部,为临时塔架承力基础,单个塔架设置6个混凝土支座,左右各3个,根据墩柱中心里程大小里程对称布置。混凝土支座在上弦梁0号块钢筋绑扎时进行钢筋预埋,并按照图纸要求进行钢筋绑扎及模板搭设,后浇筑混凝土。混凝土支座在临时塔架拆除后凿除。

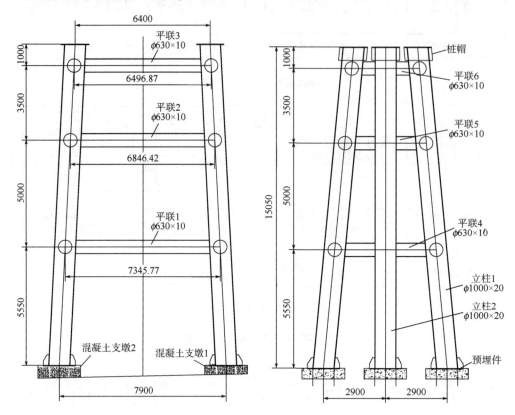

图5.31 临时塔架及其混凝土支座(尺寸单位:mm)

为加强混凝土支墩的承载能力,在钢立柱下方设置桩底预埋件。锚筋采用环形布置。

混凝土支墩顶部锚板除采用3cm厚Q345B钢板且锚板与钢立柱焊接外,采用Q345B锚板加强,加劲板间距同锚筋间距,20块均匀布置于锚孔两侧,见图5.32。塞焊孔及加劲板焊接焊缝质量等级不低于二级焊缝要求。

②钢立柱。

如图5.33所示,塔架钢立柱采用Q345B ϕ1000×20的钢管,钢立柱间平联采用Q345B ϕ630×10的钢管,钢立柱顶设置顶帽。钢立柱与平联之间采用焊接连接,焊接焊缝质量不低于二级焊缝要求。

顶帽位于钢立柱顶部(图5.34),采用Q345B厚度为30mm的圆形钢板作为盖板;盖板下方使用Q345B厚度为20mm的钢板作为加强隔板,隔板嵌入钢立柱端头55cm。

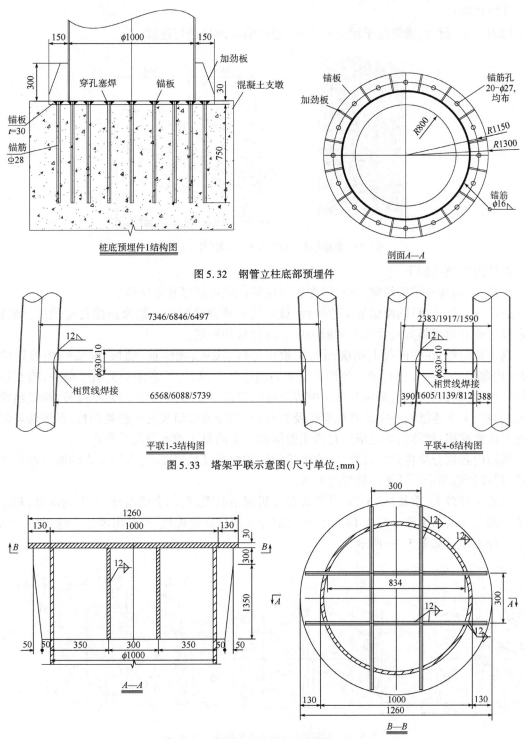

图 5.32 钢管立柱底部预埋件

图 5.33 塔架平联示意图(尺寸单位:mm)

图 5.34 塔架钢立柱顶帽(尺寸单位:mm)

加工顶帽时应先焊接隔板和盖板,桩顶钢管开槽后插入桩帽结构进行焊接,采用焊脚尺寸为10mm的双面角焊缝,焊缝质量不低于二级焊缝要求。

③钢锚箱。

如图5.35所示,锚箱位于钢立柱上方,通过锚箱横撑进行连接。

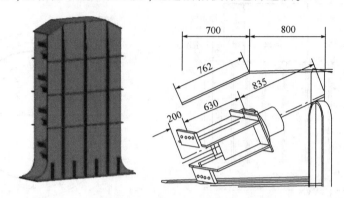

图5.35 钢锚箱内部构件三维立体图(尺寸单位:mm)

总体施工流程如下:

下料:采用焊机精密切割,下料时在明显位置标记锚箱号和零件号。

边缘加工制孔:精确画出加工边缘线、坡口线和外侧椭圆中心线及连接孔定位线;画线时一定要保证对角线斜方尺寸和外侧椭圆中心线位置和斜度。

钢锚箱组焊:在侧面板上精确画出拉索中心线、腹板、横隔板、肋板、锚头锚垫板定位线(锚头内部组装前应先进行表面处理和涂装);组装锚头单元,并在侧板上组装锚头,检查锚头坐标和角度,确认合格后,采用气体保护焊对称施焊减少变形;后焊接端部承压板;画线组装横隔板、肋板、上下连接板并完成焊缝焊接及检验;利用定位线组装另一块侧面板,保证两块侧面板相对位置准确;整体组装完毕后对锚箱整体加工至满足平面度及尺寸要求。

锚箱内各部分构件焊接过程中,应满足设计的焊高及坡口要求,未做钝边的坡口焊处必须熔透,焊接焊缝质量不低于一级焊缝要求。

锚箱尺寸较大,重量达15.2t,受塔式起重机起吊的限制,单个锚箱分上、下两部分,初定下半部分高2.6m,上半部分高2.1m,上、下两部分采用横向缝焊接,严禁出现竖向缝焊接。钢锚箱分块加工示意如图5.36所示。

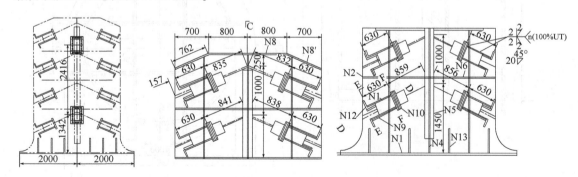

图5.36 钢锚箱分块加工示意图(尺寸单位:mm)

④锚箱横撑。

如图5.37所示,锚箱横撑位于单个塔架,两个锚箱之间设置锚箱横撑,采用螺栓接头的方式将两锚箱连接起来。锚箱横撑采用双拼40b槽钢进行横向主受力连接,采用双拼28b槽钢进行竖向及斜撑加固。连接螺栓采用M24规格。

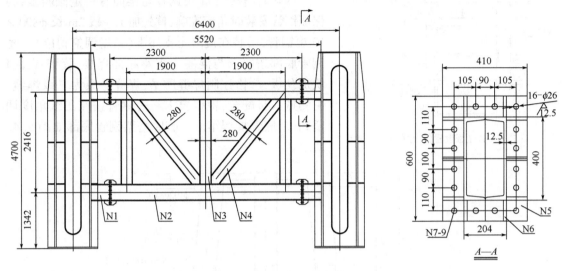

图5.37 锚箱横撑结构图(尺寸单位:mm)

⑤索道管。

索道管(图5.38)位于锚箱内侧,通过螺栓与锚箱预留钢板进行连接,从而实现索道管对临时索的保护和导向作用。

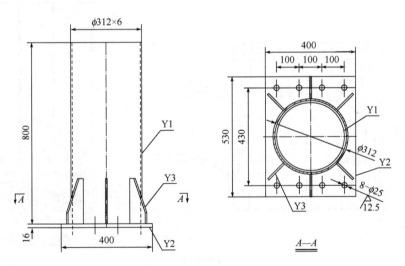

图5.38 索道管构造(尺寸单位:mm)

⑥锚垫板。

如图5.39所示,锚箱内孔道处设置2块锚垫板对锚具锚固端受力进行加强,锚垫板1采用40mm厚钢板制作,锚垫板2采用固定端锚具自带405mm×405mm×60mm锚垫板(已开完孔),现场加工时,对锚垫板1和锚垫板2进行坡口焊后焊接固定于锚箱内。

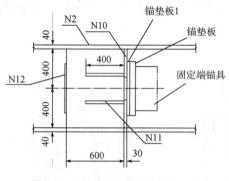

图 5.39 锚垫板设置(尺寸单位:mm)

(2)临时塔架吊装施工方法

①临时塔架底部 $\phi 800 \times 10$ 短钢管吊装。

因临时塔架 15m 长钢管与梁面有一定倾斜度,为保证钢管安装时角度准确,首先加工一段 2m 长 $\phi 800 \times 10$ 短钢管,吊装在混凝土支座上(角度调整到位)。短钢管底部按要求与混凝土支座底部焊接,管壁焊接 4 块加劲板,严格控制焊缝质量,焊缝等级为二级焊缝。由测量人员配合,根据要求将短钢管按照图纸角度调整到位,底部加焊牢固。临时塔架钢管底部如图 5.40 所示。

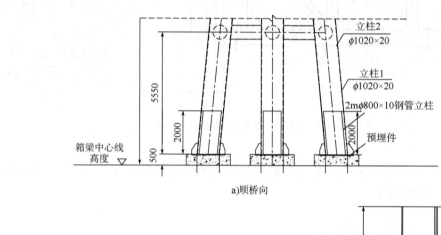

a)顺桥向

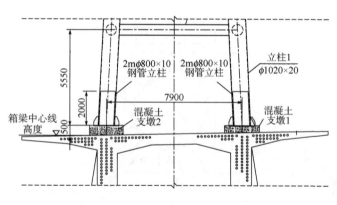

b)横桥向

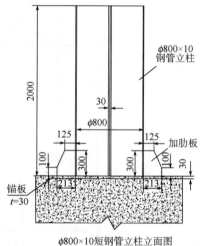

图 5.40 临时塔架钢管底部(尺寸单位:mm)

②临时塔架钢管立柱 $\phi 1000 \times 20$ 钢管吊装。

钢管加工:$\phi 1000 \times 20$ 钢管底口根据短钢管加劲板位置尺寸初步放样。钢管 10m 处焊接 3 个吊环,穿好钢丝绳,待后续吊装时安装手拉葫芦。

钢管吊装:对于 P3 墩,现场将加工好的 15m $\phi 1000 \times 20$ 整根钢管立柱斜吊起,控制插入

φ800×10短钢管。φ800×10短钢管上口焊接十字加强筋,对应开口方向缓慢下放,直到十字加强筋深入凹槽,并且加劲板嵌进空隙,待φ1000×20整根钢管下放到混凝土支座上,按照图纸角度调整到位,若有偏差,使用手拉葫芦调整到位,并将3个手拉葫芦固定于梁面,保证钢管稳定,调整到位后按照要求焊接钢管底部及管壁开口与加劲板,并在φ1000×20钢管管壁外按图纸焊接加劲板,严格控制焊缝质量,焊缝等级为二级焊缝,焊接好后,松钩后对下一根对应钢管进行安装。根据要求首先施工三排钢管中中间一排钢管,完毕后进行另两排钢管立柱施工。

③临时塔架钢管立柱平联施工。

塔架钢立柱采用Q345Bφ1000×20的钢管,钢立柱间平联采用Q345Bφ630×10的钢管,钢立柱顶设置顶帽。塔架中部单排φ1000×20钢管立柱首先安装到位后,焊接顺桥向中排钢管立柱顶部平联3,顶部平联3焊接完毕后通过顶部平联设置卷扬机吊转下部平联2及平联1进行焊接施工。根据要求临时塔架顺桥向中排钢管平联施工完毕后进行另外两排钢管立柱平联施工(平联施工顺序为:平联3—平联2—平联1)。三排钢管横桥向平联施工完毕后进行顺桥向平联施工,施工顺序为:平联6—平联5—平联4。平联5、平联4通过安装于平联6上的卷扬机吊装施工。

④钢管立柱顶帽及人行通道施工。

顶帽位于钢立柱顶部,采用Q345B厚度为30mm的圆形钢板作为盖板;盖板下方使用Q345钢板作为加强隔板,隔板嵌入钢立柱端头。临时塔架下部钢管立柱施工完毕后,在下部钢管立柱焊接作业平台后对钢管立柱顶部桩帽部分进行施工。顶帽完成后,按照设计图纸加工人行通道。临时塔架人行通道见图5.41。

图5.41 临时塔架人行通道

⑤钢锚箱吊装。

钢锚箱位于钢立柱上方,单墩各2个,横向对称布置,通过锚箱横撑进行连接。钢锚箱吊装分上下两部分,首先吊装下部分钢锚箱(高度为2.6m)立于桩帽上,钢锚箱底部按要求与桩帽进行焊接,四周满焊,并焊接加劲板,保证焊接质量;下部分钢锚箱焊接完毕后吊装上部分(高度2.1m),配合施工平台上人员将下半部分对接到位并焊接,接缝处焊接加劲板加强,焊缝质量为一级焊缝。

锚箱横撑位于单个塔架,两个锚箱之间,共两片,单片横撑加工好后,通过塔式起重机吊装到位,采用螺栓接头的方式将两锚箱连接起来。锚箱横撑采用双拼40b槽钢进行横向主受力连接,采用双拼28b槽钢进行竖向及斜撑加固。

(3)临时塔架力学试验及安装

临时塔架的钢锚箱委托专业加工厂加工,钢立柱现场加工制作,根据外委设计单位武汉理工大学出具的临时塔架结构设计图,钢锚箱和钢立柱分别经过设计尺寸及外观检查、焊缝质量检测等合格以后,即可直接在桥墩上进行组装,临时塔架使用前进行力学试验,并组织相关单位进行验收。

①临时塔架力学试验。

因为重庆礼嘉嘉陵江大桥跨越嘉陵江,P2/P3主墩附近没有适合进行临时塔架力学试验的场地。现场场地外力学试验方法如下:

a.先与当地交管及其他相关单位联系,上报试验方案并办理手续取得许可。

b.签订用地租用合同,明确试验时间段。

c.安装临时塔架,修建钢筋混凝土横梁和立柱,模拟重庆礼嘉嘉陵江大桥上弦梁施工受力状态,记录相关数据,形成验收文件并作为分析和计算依据。

d.临时塔架力学试验场外试验完成,拆除试验使用的锚固体系并恢复金海大道路面,并将其重新安装在桥面上。

对试验过程中因钢立柱反复拆卸造成的长度变化需要及时补充长度,临时塔架需满足设计要求高度;同时,临时塔架设计时必须重点考虑钢管柱锚固系统与P2/P3主墩0号块锚固系统位置冲突情况,确保施工安全。

②临时塔架安装完成后质量标准。

临时塔架安装前,复核桥梁设计单位和临时塔架设计单位提供的施工图,对预埋构件、临时拉索锚固点、张拉点坐标进行复核确保无误,同时对临时拉索垂度修正进行复核,除对临时塔架加工用材料、焊接质量、焊缝标准有要求外,安装后的临时塔架施工质量需要符合设计图纸操作及检查要求。

(4)临时塔架拉索施工

①礼嘉嘉陵江大桥P2/P3主墩上弦梁的7号~10号及7′号~10′号块需要设置临时拉索辅助施工。P2/P3主墩的0号、0′号块及下弦拱1号、1′号块施工完成,即可通过在主墩顶0号块上预留的钢绞线、钢筋等安装上弦梁临时塔架。

②临时塔架的临时拉索辅助上弦梁7号~10号块及7′号~10′号块施工,上弦梁挂篮施工至7号及7′号块,钢筋施工时准确预埋相关铁件、张拉锚件等,待混凝土达到设计强度的90%,即54MPa,弹性模量及龄期符合要求,张拉上弦梁第1对拉索,重复步骤至上弦梁10号及10′号块第4对拉索张拉完成。P4墩、P5墩主梁与主墩同时施工,待所有体系转换完成,主桥全部合龙(P5和P6墩先合龙,P1和P2墩合龙,P4和P5墩合龙,P3和P4墩合龙,P2和P3墩最后合龙),对称拆除上弦梁临时拉索,然后拆除临时塔架。

(5)临时塔架拆卸施工

P2/P3主墩临时塔架设计功能完成,待预应力拉索卸荷拆除后进行拆卸施工。拆除顺序遵循从临时塔架顶端开始,按照临时塔架安装顺序倒序拆除,用塔式起重机将锚箱零散堆置在桥面上,逐级下放至钢栈桥。详细拆除顺序见图5.30。

4. 上弦梁挂篮悬浇施工工艺

上弦梁挂篮悬浇施工流程见图 5.42。

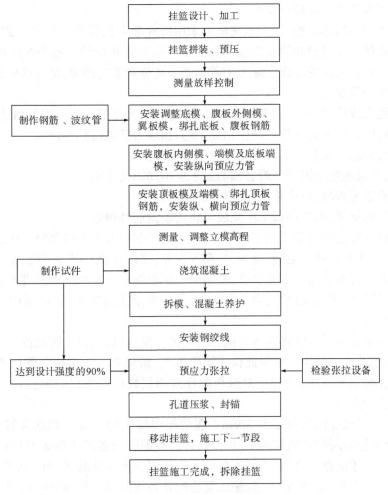

图 5.42 上弦梁挂篮悬浇施工流程图

(1)上弦梁挂篮行走

待已浇筑梁段混凝土强度和弹性模量达到设计要求后,对纵、横、竖向预应力筋张拉后,有扣索节段必须完成扣索张拉,且索力检测符合要求后,方可前移挂篮。

挂篮行走步骤如下:

①轨道接长并垫实固定;

②模板脱离并检查关联情况,转换为行走状态;

③解除后锚倒扣轮受力;

④检查行走前方及轨道侧无障碍物后,两主桁同步行走,及时跟进轨道压梁;

⑤行走到位后检查挂篮主桁位置并施加后锚固定;

⑥侧模、底篮等模板系统、吊杆系统转换为浇筑状态;

⑦测量复核完成后就位。

(2) 钢筋、模板及混凝土施工

挂篮前移到位后按监控指令进行测量复核,满足要求后方可进行钢筋安装。按钢筋按照底板→腹板→顶板顺序依次进行安装。

钢筋在制作场内制作成型,转运至主墩处采用塔式起重机垂直起吊的方式运输至安装位置。纵向连接钢筋采用机械和焊接连接。凡因施工需要而断开的钢筋当再次连接时,采用焊接并需符合施工技术规范的要求。施工中若钢筋空间位置发生冲突,适当调整布置,但混凝土保护层厚度必须得到保证。

在钢筋绑扎完成后,顶底板上架立临时操作工作架,工作架支立在模板和已浇混凝土梁段上。谨防施工时因操作人员踩压后产生钢筋下陷、预应力管道位移等现象。

钢筋施工与预应力束管道定位时应注意以下几点:

①底板上、下层的定位钢筋下端必须与最下层钢筋焊接连牢。

②钢筋与管道相碰时,只能移动,不能切断钢筋。

③若必须切断钢筋,则应待该工序完成后将切断钢筋补焊好。

④纵向预应力管道随着箱梁施工进展将逐节加长,多数都有平弯和竖弯曲线,所以管道定位要准确牢固,接头处不得有毛刺、卷边、折角等现象,接口处要封严,不得漏浆。

⑤横向预应力管道采用扁平波纹管,安装时一定要防止出现水平和竖直弯曲,严禁施工人员踩踏和挤压,轧花头锚端要封严,防止漏浆。同样,混凝土浇筑完后,必须用空压机清孔,发现阻孔后及时清理。

在挂篮安装就位的同时已将腹板外模、底模、内顶模、底板端板安装就位,待钢筋绑扎完成后,仅安装内侧模及顶板端模。根据此桥主梁腹板高、新浇混凝土对模板侧压力大的情况,同时总结 P2/P3 主墩墩身施工的经验,对腹板同样采用精轧螺纹钢筋作对拉杆进行加固,确保连续浇筑混凝土的需要。

混凝土要水平分层浇筑,每层厚 30cm。在前层混凝土初凝或重塑前浇筑完成次层混凝土,超过混凝土重塑时间时必须按施工缝处理,即应在混凝土强度达到 2.5MPa 以上时进行人工凿毛,清理干净,才能继续浇筑,否则不仅容易破坏混凝土的结晶体,而且外观上会形成难以处理的明显层印。为避免形成施工缝,施工前应配备备用混凝土拌和供应点、发电机、振捣器,以防设备故障造成施工停顿。混凝土振捣是一个重要环节,应由熟练的混凝土浇筑技术工人来操作。振动棒移动间距不要超过振动棒作用半径的 1.5 倍,插入下层混凝土的距离为 5~10cm,与模板的距离应保持在 5~10cm,避免振动棒碰撞模板、对拉螺杆等。

5.5 下弦拱施工

重庆礼嘉嘉陵江大桥 P2/P3 下弦拱梁分为 0~12 号块,下弦拱 0 号块与墩身一同浇筑,下弦拱 1 号块采用托架法施工,下弦拱 2~12 号块采用挂篮悬臂施工。下弦拱 2~11 号块通过临时索锚拉在墩身上,单个号块进行逐段锚拉。单个号块顶部设置齿块为张拉锚口提供锚索孔道。下弦拱悬臂挂篮施工流程见图 5.43。

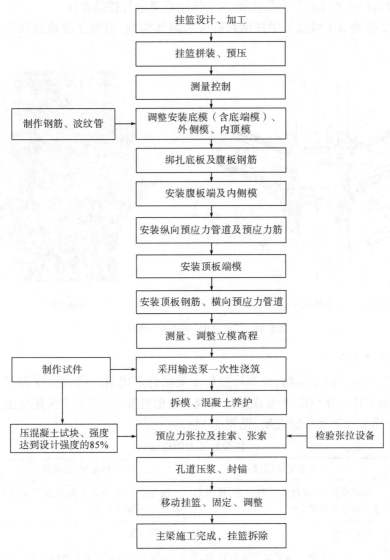

图 5.43 下弦拱悬臂挂篮施工流程图

5.5.1 下弦拱 0 号块及 1 号块托架施工

1. 下弦拱 0 号块及 1 号块施工重难点

如图 5.44 所示,下弦拱 0 号块及 1 号块需设置临时支撑结构进行现浇,0 号块包含悬挑部分及墩梁结合部分,1 号块全部为悬浇。0 号块及 1 号块为 C60 微膨胀混凝土,1 号块悬挑节段长 4.9m,悬挑长度大。

①下弦拱 0 号块结构复杂,钢筋密集,墩梁一起浇筑,施工质量控制难度大,质量管理要求高。

②下弦拱 0 号块及 1 号块为采用托架现浇,悬臂外挑长度较大,且下弦拱 0 号块及 1 号块

底部线形为弧形,1号块与水平夹角达到24°,托架需要进行特殊设计。

③下弦拱0号块及1号块与墩柱结合部位为圆弧构造,混凝土浇筑过程中托架需承受水平方向推力。

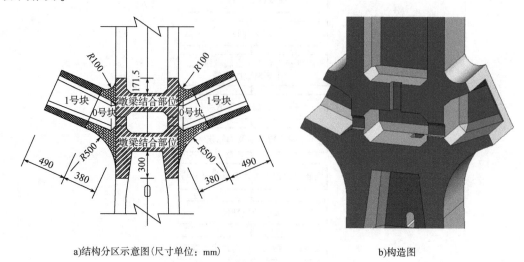

a)结构分区示意图(尺寸单位：mm)　　　　b)构造图

图5.44　下弦拱0号块及1号块示意图

2. 托架施工方案比选

托架一般为三角形稳定结构,由多片三角支架联合形成稳定的托架支撑平台。重庆礼嘉嘉陵江大桥主墩下弦拱0号块、1号块采用常规三角形托架,比选主要为托架上方支撑形式的选择,主要比对满堂支架及型钢支架,见表5.14。

托架施工方案比选　　　　表5.14

序号	项目	A.满堂支架(盘扣)	B.型钢支架(组焊件)	比选结果
1	结构特点	基本构件少,架设及拆卸方便,抗侧向、水平方向推力能力差	结构简单,既可承受竖向压力也可承受侧压力,需要专门设计	B
2	承载能力	承载力强	承载力强	A&B
3	施工安全	托架上高空进行满堂支架安拆作业,安全风险较大	托架上进行型钢支架整体吊装作业,安全风险相对可控	B
4	施工成本	可租赁,成本较低	购买型钢进行制安,拆除后难以周转使用,成本较高	A
5	施工工期	施工工效较高	施工工效较高	A&B

经过以上比选,结合工程实际情况,选择方案B为最佳施工方案,即下弦拱0号块、1号块采用"托架+型钢支架"方式进行施工。

3. 托架设计

经过研讨,确定为钢桁架,每个墩8片,单侧4片。每一片钢桁架采用槽钢及钢板组焊而成,形式简单,且通过设对拉杆实现浇筑过程中水平方向的推力相互抵消,整体稳定性较好。

如图5.45所示，下弦拱0号块及1号块托架为三角托架，采用三支H588型钢制作形成三角结构，增设斜拉杆提高斜杆稳定性。考虑0号块及1号块悬挑长度大、悬浇重量大，托架下方根部设置工字钢，并承插入墩身以抵抗竖向剪力，托架上方设置精轧螺纹对托架进行对拉预紧，上方精轧螺纹钢承受水平拉力。单墩单侧设4支托架，并设置上层及下层两层平联与托架连接形成整体。

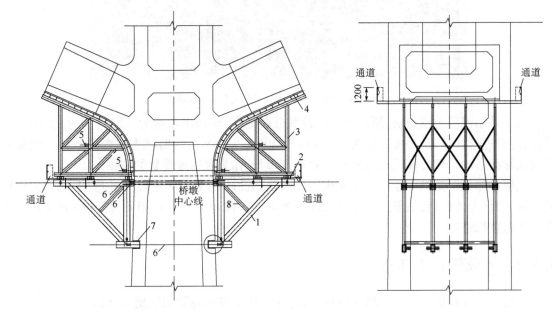

图5.45 下弦拱0号块及1号块托架示意图

底部加设精轧螺纹钢进行预紧加固以确保底部支撑牢固可靠，避免受力后发生移动导致上部精轧钢受剪。

托架上部采用型钢支撑桁架，桁架与托架间设置卸落块，并且通过点焊进行固定。桁架中腰位置设置背楞压杆，通过精轧螺纹钢对拉以抵抗0号块、1号块施工过程中产生的水平推力，桁架上采用I25工字钢作为分配梁将桁架连接成一体，总体稳定可靠。

4. 托架安装、拆除及预压

现场施工过程中，经项目部测量放样首先确保了托架预埋件的精准施工，从源头上保障了托架安装的杆件位置准确及在竖平面内铅锤位置准确。其次，预埋件安装过程中，拉线控制了所有板面及槽口面位于同一平面上，确保了托架安装后所有在竖平面的间距与设计图纸及方案相符，减少了平联杆件加工的尺寸调整。托架安装过程中，安装第一片时，调整至托架上部水平杆处于水平后，调整所在竖平面与墩身前/后平面垂直，第一片准确安装后依次完成其他托架的安装。托架牛腿底部为插入式承力结构，即牛腿插入预留槽口内。为了保证该承力结构有效，实际施工时四周全部采用边角余料钢板进行垫实。托架安装就位后对精轧螺纹钢进行张拉预紧，采用穿心千斤顶进行张拉。下弦拱0号块、1号块托架安装现场见图5.46。

托架最不利工况为1号块浇筑完成，预压以1号块为准。试压重量为1号块顶、底、腹板钢筋混凝土重量及支架模板重量乘1.2倍的安全系数。

图 5.46　下弦拱 0 号块、1 号块托架安装现场

预压采用混凝土预制块,预压块按照荷载分布配置,预加压重量为梁段自重的 120%。预压时,逐级进行加载,其加载过程为:0→60%→100%→120%,并监测支架变形数据。根据加载前和卸载后的高程计算托架的塑性和弹性变形量,作为预拱度设置的依据。

托架拆除于下弦拱 1 号块施工完成且强度达到设计强度的 80% 以上进行,考虑下弦拱挂篮安拆需要,先拆桁架,三角托架于最后进行拆除。拆除与安装方法相同,拆除时需卷扬机配合塔式起重机进行。

5.5.2　下弦拱施工挂篮

针对重庆礼嘉嘉陵江大桥施工特点,研究了多种下弦拱悬臂浇筑施工挂篮。

1. 上承式三角挂篮

如图 5.47 所示,上承式三角挂篮由主桁承重系统、底篮系统、悬吊系统、锚固系统、行走系统、模板系统等部分组成。它的特点是承重主桁架采用两片三角结构钢架固定在下弦拱背上,通过前、后悬吊系统(精轧螺纹钢)将底部承载平台(底篮系统)、侧模及内模系统悬吊固定及行走,形成完整下弦拱挂篮悬浇支撑系统。上承式三角挂篮性能参数见表 5.15。

下弦拱上承式三角挂篮性能参数表　　表 5.15

最大悬浇长度(m)	最大节段重(t)	挂篮自重(t)	经济技术指标
5.0	218.2	99.6	0.456

上承式三角挂篮的特点在于:

①挂篮悬浇施工无法有效避开下弦拱施工时设置的临时扣索,会产生干扰;且在下弦拱梁根部安装该型挂篮时,需占用拱背空间,但实际拱背空间有限,该挂篮安装困难。

②因下弦拱线型是二次抛物线变化,该型挂篮只能通过在拱背不断调整角度以适应曲率变化,操作复杂,该型挂篮无法有效实现挂篮角度精确调整。

③吊带与主桁斜交,为支撑设置了横梁的底模系统,挂篮的前臂杆势必加长,则该型挂篮结构变大,浪费钢材,且结构重量增加,降低了施工安全性。

总之,上承式三角挂篮方案可操作性差、成本高、安全性差,挂篮精调角度效果差,工效低。

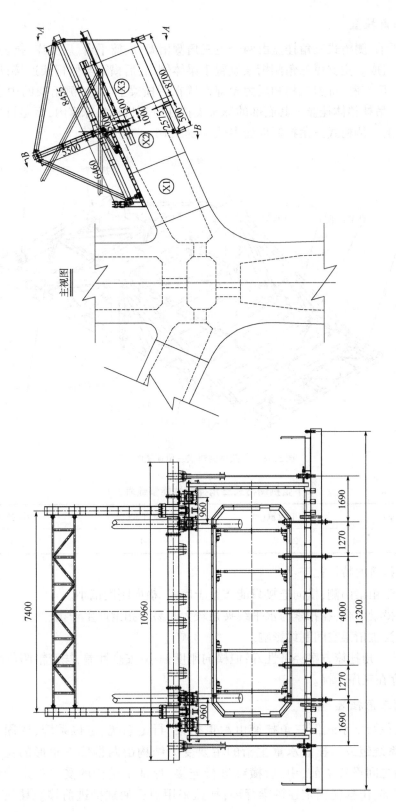

图 5.47 下弦拱上承式三角挂篮侧面图和正视图(尺寸单位:mm)

2. 侧桁式三角挂篮

如图5.48所示,侧桁式三角挂篮由两个主三角侧桁架、底篮平台、后支座、抗剪机构、反力轮和行走机构等组成。主支撑三角侧桁架设置于梁体侧面,后横梁与侧桁架连接,底篮与侧桁架和后横梁连接,后支座、抗剪机构和反力轮都设置在后横梁上,通过侧桁架的中主梁顶挂钩固定于拱梁背上,吊挂整体挂篮。其底部的球头支撑在行走机构的球座内,行走机构锚固在已浇混凝土的拱箱上。侧桁式三角挂篮性能参数见表5.16。

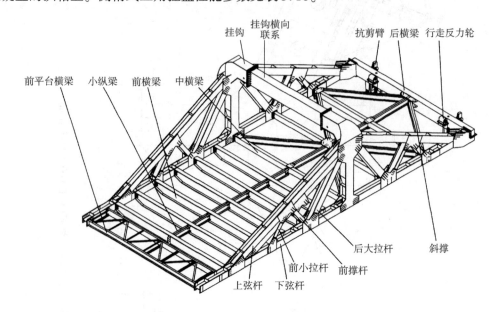

图 5.48 下弦拱侧桁式三角挂篮图

下弦拱侧桁式三角挂篮性能参数表　　　　表 5.16

最大悬浇长度(m)	最大节段重(t)	挂篮自重(t)	经济技术指标
5.0	218.2	84	0.36

侧桁式三角挂篮的特点在于:
①主桁架位于箱梁两侧,横向连接只能布置于底板,横向刚度偏小。
②挂腿采用横梁闭合,在扣索与水平线夹角较大时易与扣索产生干扰。
③侧模调节受主桁架空间制约影响。

总之,侧桁式三角挂篮方案经济性好;但横向刚度偏小、安全性差,挂篮精调角度效果受主桁架空间制约,存在工序干扰。

3. 下承式倒三角挂篮

如图5.49所示,下承式倒三角挂篮由承重桁架、行走系统、定位系统、锚固系统、模板系统、工作平台系统组成。挂篮承重主桁的主要受力结构由两榀倒三角形的主桁构成,两榀倒三角形主桁之间设置了前、中、后横梁进行连接,保证了结构的受力稳定;倒三角形主桁设置于拱梁下部,由挂腿固定在拱梁背部;挂篮采用液压油缸推进前移。挂篮在行走、浇筑时通过挂腿与后支点灵活调节角度,适应各段箱梁的角度变化。下承式倒三角挂篮性能参数见表5.17。

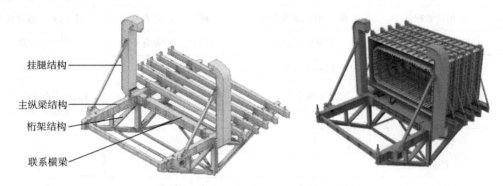

图5.49 下弦拱下承式倒三角挂篮结构图

下弦拱下承式倒三角挂篮性能参数表 表5.17

最大悬浇长度(m)	最大节段重(t)	挂篮自重(t)	经济技术指标
5.0	218.2	80.5	0.369

下承式倒三角挂篮特点在于:

①行走爬坡能力较强,可以满足27°以下坡度的梁体施工需求,有效地克服了拱梁的线性问题。

②施工过程产生的弹性变形量较上承式三角挂篮小很多,对梁体线性控制有利,拱部施工空间开阔。

③定位和调节系统主要采用数字化液压系统,定位和调节过程实现数字化,节省大量人工,缩短工期,并且操作简单快捷。

④支撑系统与临时扣索避开。

⑤挂篮在行走、浇筑时能很好地适应各段箱梁的角度变化,实现挂篮浇筑前的挂篮及模板系统初定位及微调定位功能,保证线形质量。

总之,下承式倒三角挂篮行走爬坡能力较强,可实施性高;施工过程产生的弹性变形量较上承式三角挂篮小很多,对梁体线性控制有利;安全性高,在行走、浇筑时能很好地适应各段箱梁的角度变化,挂篮调节精度高,有效保证线型质量;节省钢材及人力,经济性好。

下弦拱施工挂篮综合比较见表5.18。

下弦拱施工挂篮综合比较 表5.18

序号	描述	下承式倒三角挂篮	上承式三角挂篮	侧桁式三角挂篮
1	挂篮设计承载力	208t	208t	208t
2	挂篮自重	80.5t	99.6t	84t
3	主桁架位置	底板下部	顶板上部	顶板上部
4	适用分缝形式	垂直分缝	竖直分缝	垂直分缝
5	挂篮主桁最大纵向尺寸	12.1m	15m	14.3m

续上表

序号	描述	下承式倒三角挂篮	上承式三角挂篮	侧桁式三角挂篮
6	主桁拼装特点	桥下拼装,难度稍大	桥上拼装,较容易	桥下拼装,难度稍大
7	与扣索干涉情况	横桥向可避开	主桁中、后横梁有干涉	横桥向可避开
8	挂篮操作空间	桥面空间开阔	桥面较拥挤	桥面空间开阔
9	挂篮调节定位精度	挂篮调节灵活,定位精度高	挂篮调节复杂、粗糙,定位精度低	挂篮调节复杂、不灵活,定位精度较高
10	存在工序干扰	不存在	存在	存在
11	安全性	高	中	中
	结论	采用	不采用	不采用

5.5.3 下弦拱挂篮结构设计

依据重庆礼嘉嘉陵江大桥设计,下弦拱底缘线为2.2次抛物线,最大坡度约24°,结合现场塔式起重机、钢栈桥及场地情况,P2/P3主墩下弦拱挂篮采用下承式倒三角挂篮形式,并配备智能液压推进油缸系统(智能遥控泵站、行走油缸、顶升系统等),具备较强的爬坡能力。挂篮由承重系统、行走系统、锚固系统、定位系统、模板系统、工作平台和预埋件系统组成。单只挂篮重约82.3t,挂篮重量/最重1号节段重量0.36,设计总图如图5.50所示。

1. 承重系统

如图5.51所示,挂篮承重主桁是挂篮支撑模板体系和悬浇荷载的主体结构,承重主桁主要受力结构由两榀倒三角形主桁构成,两榀倒三角形主桁之间设置前、中、后横梁进行连接,保证整体性。中横梁上设置耳板连接锚固系统,在主桁中间设置挂腿,挂腿是主顶系统调整挂篮姿态时的主要受力结构,同时也是挂篮行走时支撑挂篮自重的主要受力构件。为减轻结构自重,主体结构除挂腿外其余部件均采用焊接H型钢断面构件,采用Q345B材质。

2. 行走系统

下承式挂篮具有空载前移功能,行走系统主要由行走轨道、前后行走小车及推进油缸组成(图5.52)。

已浇筑节段混凝土强度符合设计要求后,拆除顶模,轨道先前移一个节段并锚固,轨道先前移一个节段并锚固,通过推进油缸推动挂篮前移。在移动过程中,更换油缸行程时须锁紧安全销以防止挂篮倒退。

3. 锚固系统

如图5.53所示,下弦拱挂篮锚固系统包括两组中横梁锚杆组。锚固系统的作用是将挂篮自重和所承受的施工荷载传递到已浇筑混凝土梁段上。为了施工时安装方便,采用材质为40Cr的Tr60×8高强螺杆,并将锚杆设置在下弦拱内室腹板位置,避免了锚杆与临时拉索和挂腿位置产生矛盾的问题。

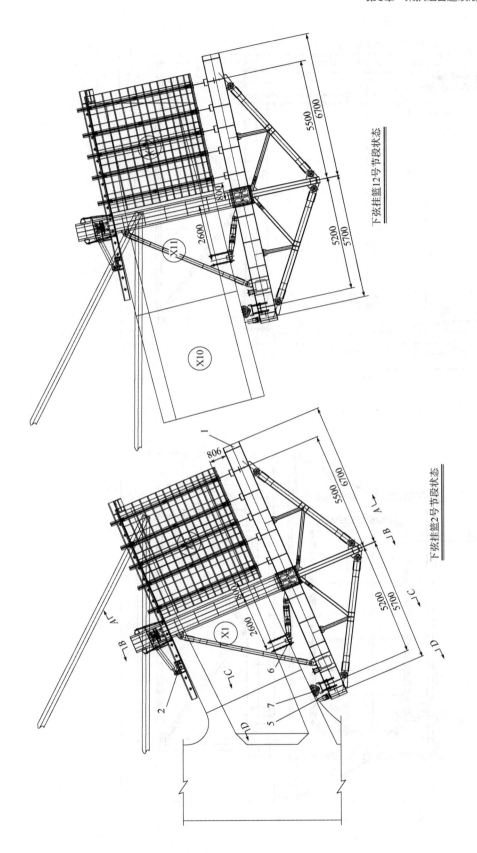

1-承重桁架；2-行走系统；5-定位系统（顶升机构）；6-定位系统（止推机构）；7-行走系统(后行走小车)

图 5.50

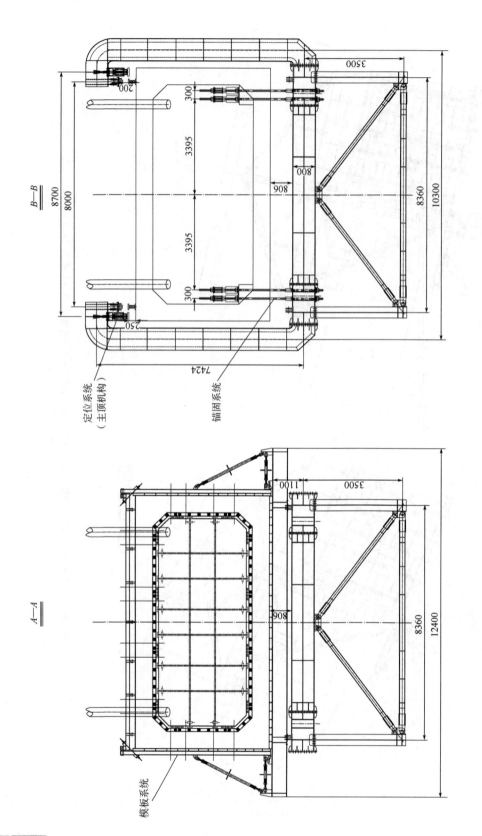

图 5.50

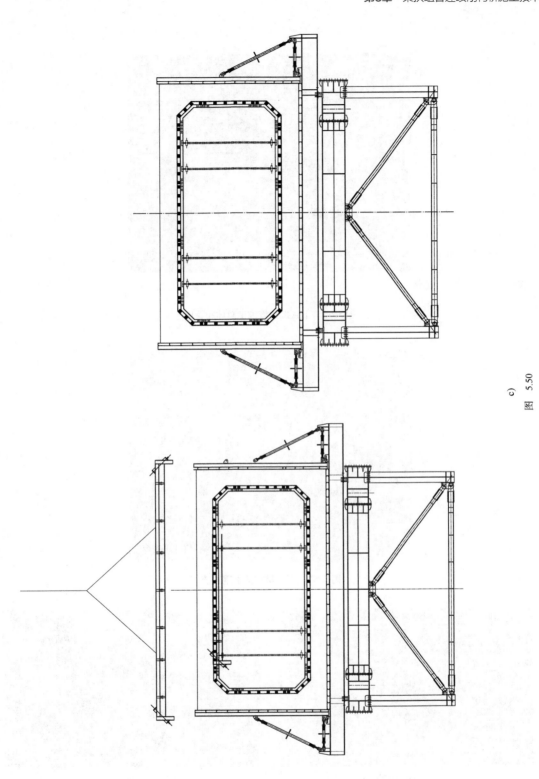

图 5.50 c)

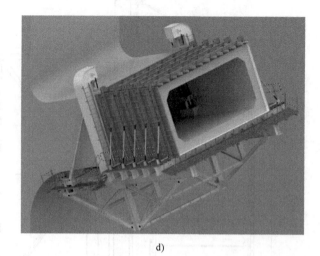

d)

图 5.50 下弦拱挂篮施工总体布置图

图 5.51 下弦拱挂篮承重系统

a)前行走小车(一)

b)后行走小车(二)

图 5.52

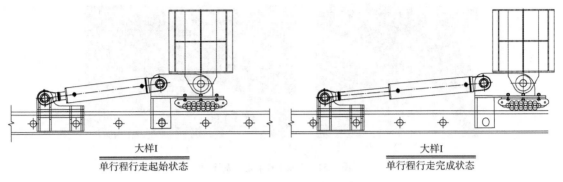

大样I　　　　　　　　　　　　　　　　大样I
单行程行走起始状态　　　　　　　　　单行程行走完成状态

c)后行走小车(三)

图 5.52　下弦拱挂篮行走系统示意图

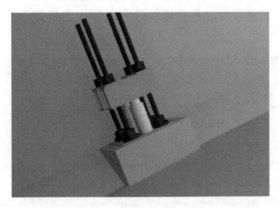

图 5.53　下弦拱挂篮锚固系统

4. 定位系统

如图 5.54 所示,定位系统用于实现挂篮浇筑前的初步定位功能及达到施工条件时进行精确定位所需要的微调定位功能。定位系统由顶升机构、止推机构、主顶系统等组成。挂篮由主顶系统提升到预定位置附近,顶升机构(设置在承重主桁架尾端)在挂篮定位时,将挂篮前端的竖向高程调整至与设计基本相符,随后通过微调使挂篮的定位达到施工规范要求。止推机构在承受挂篮斜向分力的同时,通过自身装有的液压千斤顶微调挂篮在桥梁的纵向位置。

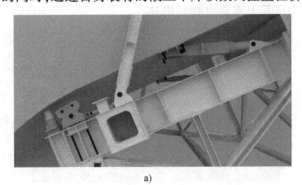

a)

图　5.54

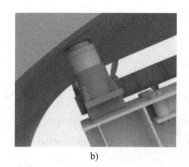
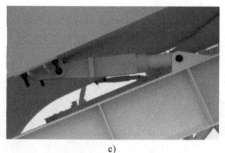

图 5.54　下弦拱挂篮定位系统

5. 模板系统

如图 5.55 所示，模板系统由外模系统和内模系统组成，外模系统由底模、侧模和顶模组成。为了减小施工误差，底模设计时挂篮模板最大以直代曲长度不超过 2.5m，并在底模上设置固定的最大调整量。

图 5.55　下弦拱挂篮模板系统

内模受横隔板的影响，无法做成大块模板整体随挂篮前移，只能设计成小块模板方便装拆。为了满足使用要求，模板需分块考虑，各块之间采用螺栓连接。

挂篮脱模时，先移除顶模，松开对拉杆，侧模横移，然后底模随挂篮整体下降脱模。

6. 工作平台

为了保证挂篮施工人员的安全，挂篮上设置了便利的工作平台（图 5.56）。工作平台主要供施工人员往返，禁止在其上放置重物和机具。

图 5.56　下弦拱挂篮工作平台

5.5.4　下弦拱下承式倒三角挂篮制作、安装

1. 挂篮制作

下弦拱下承式倒三角挂篮系统主要包括主桁系统、悬吊系统、模板系统、行走系统、顶升系统、锚固系统、止推系统、走道系统、油压系统等。

在挂篮功能性设计后的图纸通过专家评审后,按图进行加工。挂篮构件集中在场内加工。单只挂篮构件生产完成后,须进行试拼,并喷漆和编号。

加工过程中,尤其须注意焊缝施作,材质须满足要求。

2. 挂篮现场安装

挂篮各构件生产齐全后,根据施工场地情况进场安排。

现场安装时,单墩大小里程侧挂篮对称同步安装。单只挂篮的构件须根据出场编号进行组装。

吊装前,组装构件为主桁系统和锚固系统。安装顺序为:

①单只挂篮的三角桁架拼装,锚固螺杆和顶升小车安装至桁架上。
②吊装三角桁架和螺杆至下弦拱1号块底部锚固块。
③安装止推装置。
④安装悬吊系统。
⑤安装模板系统和走道系统。
⑥安装行走系统和油压系统。

3. 下弦拱下承式倒三角挂篮预压

(1) 预压重量

按照节段最大体积确定预压重量,通过比较,12号节段为最重梁块,按照预压重量(最大块重量+施工机具、人群等临时荷载+挂篮模板重量)的1.1倍进行预压,即理论预压重量为 $1.1 \times 218.2t = 240t$。

(2) 预压施工方法

挂篮全部构件安装完毕,底板底模、腹板侧模安装完毕后进行挂篮预压。根据梁体的线形及下弦拱箱梁混凝土的分布情况,应在下弦拱1号块模拟堆载预压分配,如图5.57所示。

鉴于下弦拱与水平线约成220°,1号块和2号块间预留钢筋较多,预压时为能够仿真模拟施工状态,同时为保证挂篮整体变形基本相同,按下弦拱箱梁横断面分布情况,用I25工字钢加工平台,采用预制好的100cm×100cm×100cm预制块进行堆载预压,在腹板处钢筋位置采用现场成捆的钢筋过磅进行预压。

按照12号梁段悬臂部分自重+施工机具、人群等临时荷载+挂篮模板重量的60%、100%、110%分三级加载,加载顺序为从墩中心向两侧,由近及远前后左右对称进行,先压载底板后压腹板。加载过程中,必须按照设计要求对称预压,保证最大不平衡重不超过5t。预压变形观测点布置在桁架端部等处,左、中、右三点布置,预压过程中,实时监控变形情况。

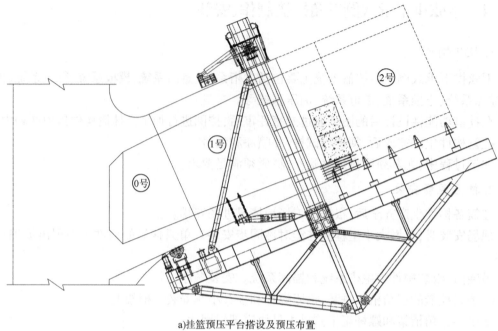

a) 挂篮预压平台搭设及预压布置

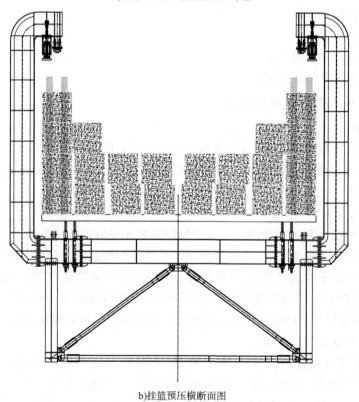

b) 挂篮预压横断面图

图 5.57

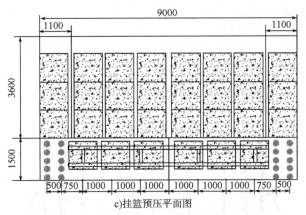

c）挂篮预压平面图

图 5.57　挂篮预压示意图（尺寸单位：mm）

预压观测采用 DZS2 级水准仪和配套直尺进行，配备专业测量人员 4 人分两组观测。

（3）预压注意事项

①铺设底模板后，预压前应加强对支架的全面检查，确保支架在荷载作用下无异常变形。

②在加载及卸载过程中，要求两个挂篮基本同步，其不对称重量不允许大于 5t，同时必须随时对挂篮情况进行观测，特别是各节点（包括焊缝）受力情况，以免发生意外。

③加载过程中应安排专人加强对挂篮变形情况的观测，如有异常变形，应及时通知现场施工管理人员立即停止加载，在采取足够的加固措施后方可继续加载，以免出现重大安全事故。

④加载及卸载过程应加强施工现场安全保卫工作，确保各方面的安全。

⑤预压完成后，根据挂篮变形情况，采取必要的措施对薄弱环节进行加强，确保施工安全和工程质量。

5.5.5　下弦拱下承式倒三角挂篮行走

下弦拱下承式倒三角挂篮行走步骤如下：

①混凝土浇筑完成，扣索张拉完成后（图 5.58），做好挂篮行走准备。

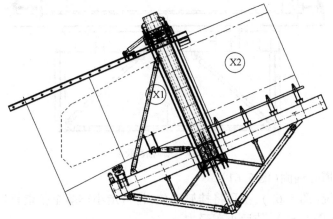

图 5.58　混凝土浇筑及扣索张拉完成

②移除顶模(图5.59)。

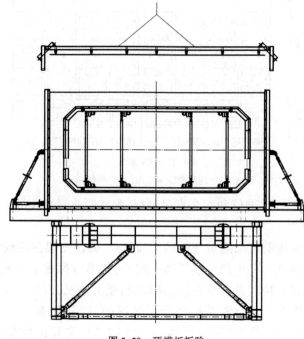

图5.59 顶模板拆除

③侧模横移脱模(图5.60)。

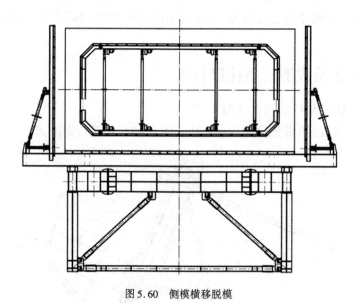

图5.60 侧模横移脱模

④前移行走轨道并锚固(图5.61)。
⑤拆除锚固系统(图5.62),主顶将挂篮下放,将行走小车落至行走轨道。
⑥调整后主顶(图5.63),使后小车受力。

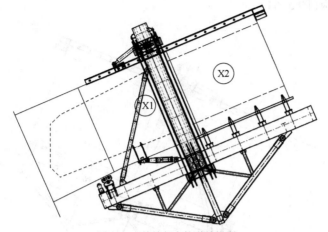

图 5.61 前移行走轨道并锚固

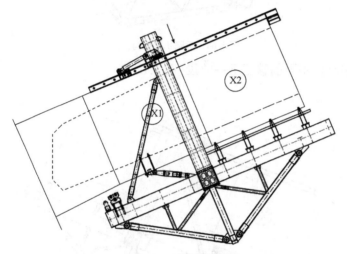

图 5.62 拆除锚固系统

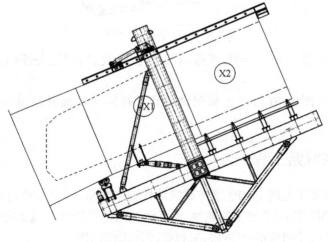

图 5.63 调整后主顶

⑦拆除止推机构(图5.64)。

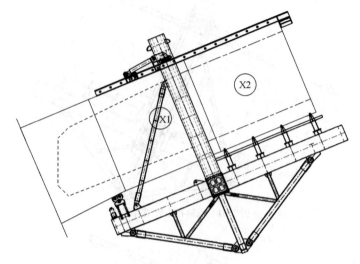

图5.64 拆除止推机构

⑧挂篮在行走油缸作用下前移至下一节段(图5.65)。

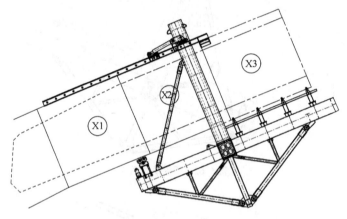

图5.65 挂篮前移至下一节段

⑨安装止推机构(图5.66)。调整止推机构千斤顶,使其伸长,并使模板基本与下一节段平行。

⑩安装锚固系统(图5.67);前主顶配合顶升及锚固组件提升挂篮,并将其调整至浇筑位置。

5.5.6 下弦拱临时索工程

根据重庆礼嘉嘉陵江大桥P2/P3墩下弦拱结构施工要求,须安装临时索为下弦拱提供向墩身侧的斜拉力,采用对称同步施工的顺序,保证墩身两侧平衡性。施工完一个下弦拱节段并在其混凝土强度达到设计强度的90%后,进行临时索张拉锚固。

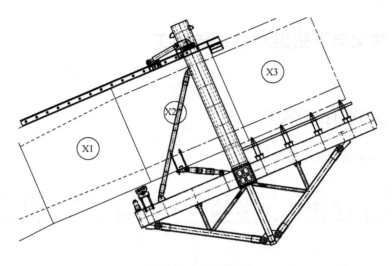

图 5.66 安装止推机构

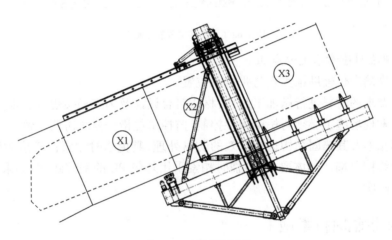

图 5.67 安装锚固系统

临时索分为锚固端、张拉端。锚固端位于墩身预埋钢管端头,墩身施工时,通过埋设无缝钢管对临时索的通道进行预留,墩身施工后,无缝钢管端头通过钢板焊接加工固定锚盒作为锚固端;张拉端位于 P2 墩下弦拱 2 号~11 号块及 2′号~11′号块梁端,按下弦拱节段对临时索进行编号,依次为:小里程侧编号 L1~L10,大里程侧编号 L1′~L10′。节段上同一编号临时索 2 束,左右对称布置。临时索规格分为 15-22、15-27、15-31 三类。

为满足强度要求,临时索钢绞线采用 PE 钢绞线。

张拉时,先采用穿心式前卡式千斤顶对单根钢绞线进行预紧,预紧力为 5kN,每束钢绞线单根预紧力务必保持一致。正式张拉时,采用四台穿心式液压千斤顶同时进行临时索的张拉,张拉时分 10%、20%、100% 三级进行张拉。张拉力值以第三方监测单位下发的指令为准。张拉过程中,配合第三方监测单位进行试验及数据收集。

张拉时,注意清理下弦拱顶杂物,避免堆载。

5.6 上弦梁与下弦拱斜拉扣挂施工

5.6.1 上弦梁临时拉索施工

(1) 上弦梁拉索施工流程见图5.68。

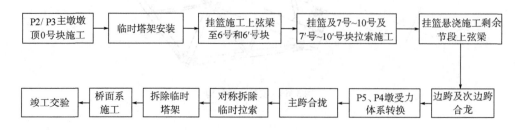

图5.68 上弦梁拉索施工流程

(2) 上弦梁临时拉索施工要点如下。

①按设计准确定位辅助锚固点与张拉端位置。

②对设计要求的材料进行精加工制作,材质符合设计及国家相关规范要求。

③临时拉索现场施工必须与桥梁线性控制、监控单位指令要求协调一致。

④对临时扣索及其锚固结构进行有效的防腐处理,避免临时扣索由于应力腐蚀的原因发生破坏而造成结构倒塌。具体要求为:临时扣索采用外包PE的钢绞线,两端采用防腐油脂对锚具端部进行防腐。

5.6.2 下弦拱临时拉索施工

1. 下弦拱临时拉索施工顺序

在下弦拱0号块施工完成,即可进行三角区主墩墩身施工。下弦拱2号~11号节段施工时通过锚固在上下弦拱中间墩身的PE钢绞线临时索进行辅助施工,张拉端均设置在下弦拱顶板,锚固端为上、下弦间墩身顺桥向位置。礼嘉嘉陵江大桥主桥三角区利用挂篮施工合龙,上、下弦拱结合段13号及13′号块混凝土达到设计强度的90%,即54MPa,弹性模量及龄期符合要求,张拉预应力,拆除临时锁定构造及竖向预紧预应力束。

施工顺序为:浇筑14号、15号、16号、17号、18号、19号、20号、21号、22号、23号主梁,拆除第10对、第1对、第9对、第2对、第8对、第3对、第7对、第4对、第6对、第5对拉索。

2. 临时拉索材料质量要求

拉索及其锚具委托专业单位制作,严格执行国家或相关部门颁布的行业标准和规定生产,并进行检测和验收。拉索成品、锚具交货时提供产品质量保证书、产品批号及型号、生产日期、数量、长度、重量和产品出厂检验报告及有关数据。临时拉索的运输和堆放须无破损、无变形、无腐蚀。

3. 临时拉索安装步骤

施工准备（主要是材料检测、平台搭设等）→放索（拉索展开）→水平牵引→起吊→临时塔架或中间墩身锚固端拉索安装→悬臂主梁拉索张拉端安装。

（1）放索

拉索运至现场时是采用包圈包装的，拉索安装时，将放索盘放置在已施工完成的节段桥面上，然后将成圈索放置在放索盘中，用卷扬机牵引使拉索展开。

（2）拉索水平牵引

使用卷扬机进行水平牵引。为保护索的外套，在牵引过程中，每5m放置一个托辊，以避免拉索与桥面摩擦发生损坏。

（3）拉索起吊

拉索的起吊采用以两墩间QTZ7035A型塔式起重机为主、卷扬机配合的起吊形式。当拉索总重低于塔式起重机起重能力时，可以直接用塔式起重机一次安装到位。

（4）拉索锚固端安装

由卷扬机与塔式起重机配合完成，塔式起重机或卷扬机与索的连接吊点使用专用的吊装索夹，它能有效地保证索外护套不受损坏。

挂索前，临时塔架及中间墩身预埋锚具的锚孔内穿上$\phi 5$的牵引钢丝，随后用该牵引钢丝牵引出带穿束器的牵引钢丝绳至桥面管口。桥面工作人员将索盘上钢绞线的一端与从索套管和分丝管内穿下来的牵引钢丝绳相连接，确认牢固后，开动卷扬机直到将该束钢绞线从另一PE套管引出并达到规定工作长度，撤出牵引钢丝绳，将钢绞线与锚头处牵引钢丝绳连接牢固后，将该端钢绞线向锚具内推送，直至该端钢绞线穿出锚孔并达到规定工作长度，撤出牵引钢丝绳，装上临时工作夹片，用专用打紧器打紧锚固。使用同样的方法将钢绞线的另一端穿过该端的锚具，装上临时工作夹片，用专用打紧器打紧锚固。

（5）悬臂主梁拉索张拉端安装

当拉索的锚头脱离放索盘时，将拉索的张拉端锚头穿入拉索梁上套管并穿出锚固承压面。根据计算的安装索力，安装锚固螺母。张拉端锚头露出拉索锚固面100mm左右。

5.6.3 临时拉索张拉与索力调整

1. 临时拉索张拉要求

完成设计有临时拉索的主梁梁段施工后，进行相应梁段上的拉索对称整束张拉，依次重复到主梁施工完毕，当监控单位无要求时：

①张拉施工设备和方法根据设计索型、锚具、布索方式、塔（墩身）和梁的构造确定。

②拉索张拉的顺序、级次数和量值按施工监控单位提供的数据和参数施工。以振动频率计测定的索力或油压表量值为准，以延伸值作校核，并应考虑拉索防振圈以及索的弯曲刚度等

状况对测值予以修正。

③分索张拉按"分级""等力"的原则进行,每根同级的索力允许误差为±1%,左右侧索力误差大小控制在+10%以内。

④上、下弦中间墩身顺桥向两侧的拉索(组)和桥横向对称的拉索(组)必须对称同步张拉。每根斜拉索各股钢绞线的离散误差不大于理论值的3%;横桥向相同编号斜拉索之间张拉力差值不大于整索索力理论值的1%;整索索力误差不大于理论值的2%。

⑤拉索锚固时不宜在锚环与承压板间加垫,需要加垫时,其垫圈材料和强度应符合承压要求,并应设计成两个密贴带扣的半圆。

⑥拉索张拉完成后,施工跨中合龙段前后,当梁体内预应力钢束全部张拉完成且桥面及附属设备安装完时,应采用传感器或振动频率计检测各拉索索力值,同时应视拉索防振圈及索的弯曲刚度等状况对测值予以修正。每组及每根索的拉力误差超过设计规定时应进行调整,调整时可从超过设计索力最大或最小的拉索开始(放或拉),直调至设计索力。调索时应对临时塔架和相应段梁段进行位移检测,并做存档记录。

2. 临时拉索安装施工要点

①对于临时拉索锚固点位置,根据设计要求,在施工有拉索混凝土块段前,在墩身和下弦拱混凝土浇筑前按设计要求准确预埋铁件、锚垫板、预埋管及孔洞,并按施工临时拉索图式坐标系1(坐标原点为主墩悬臂0号节段梁底顺桥向对应桥墩中心线位置)数据准确测量放出下弦拱临时拉索锚点坐标位置,必要时根据索力调整坐标。

②确保锚垫板面与张拉拉索垂直,如果现场有偏差,张拉时动态调整索力值以满足张拉要求。

③合理选择钢绞线下料加工场地,拖拉时避免对钢绞线造成硬弯、打折等损伤;准确计算钢绞线下料长度,并采用切割机进行切割,严禁使用氧气乙炔等高温切割工具,避免钢绞线切割端发生脆变。

④充分考虑索长、索重、倾斜角度及风力等因素,同时根据锚环支承时的牵引力计算拉索在安装时距索管口的距离,所有施工辅助设施在使用前进行1.2倍牵引力对拉试验。

⑤根据现场施工条件,下弦拱临时拉索最先安装在2号及2'号节段,因所有拉索都相对较短,吊装时采用钢丝绳卡扣在钢绞线合适位置进行固定,并使用塔式起重机直接吊装到上弦梁及下弦拱。

⑥每对拉索安装完毕后,全面进行检查,形成检查记录。

⑦临时拉索采用单根安装、单根张拉,最后整体张拉的施工方法。单根钢绞线张拉按分级、等值的原则进行,整体张拉时以控制所有钢绞线延伸量相同为原则。

⑧因下弦拱临时拉索使用时间相对较长,每对拉索张拉完成后,对墩身、梁的锚固区及时进行防腐、防锈蚀等防护处理。

⑨临时塔架及上、下弦中间墩身都相对较高,钢锚箱及锚具等由专业厂家定做,保证焊接及组拼质量。安装临时塔架时须考虑塔式起重机最大起重能力,分节安装到位。挂索及穿索时,下弦拱拉索采用在墩身预留的铁件或孔洞形成吊篮平台进行;上弦梁拉索通过临时塔架悬挑操作平台或吊篮安装牵引装置。

⑩钢绞线下料完成后,须将钢绞线两端的 PE 护套按计算好的长度剥除掉,剥皮时应注意刀具或锯片不能伤及钢绞线。

图 5.69 所示为拉索锚固端安装示意。

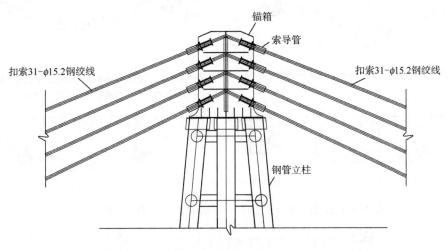

图 5.69 拉索锚固端安装示意图

5.6.4 临时拉索拆除与孔洞填充

(1)根据重庆礼嘉嘉陵江大桥主桥施工流程图,在设计要求的拆除临时拉索时间节点,全面检查拉索状况,根据需要重新安装临时拉索时已有的施工平台或吊篮,拆除拉索保护装置,安装千斤顶对称拆除对应的临时拉索。

(2)临时拉索拆除以后,用掺加微膨胀剂的 C60 混凝土或 M60 高强砂浆封堵孔洞,保持梁体和墩身表面平整、光洁。

(3)临时拉索拆除过程中加强安全管控,确保施工安全。

5.7 上、下弦合龙段施工

5.7.1 合龙方法比选

1.采用拼接后的上弦挂篮施工法

采用拼接后的上弦挂篮施工法是指上、下弦 12 号块、13 号块、合龙段均由拼接后的上弦挂篮进行合龙施工,其工艺流程如图 5.70 所示。

①下弦拱浇筑至10号块后暂停施工，上弦梁挂篮施工至12号块

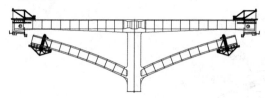

②下弦拱挂篮前移至11号块段作准备，上弦梁挂篮底篮下放10~12cm

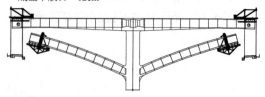

③下弦拱挂篮前移至11号，开始下弦11号块段施工，上弦暂停施工

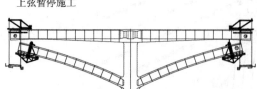

④下弦拱挂篮后退至梁根部后拆除，上弦挂篮底篮上移5cm左右，重新拼装挂篮外模块，浇筑下弦12号块

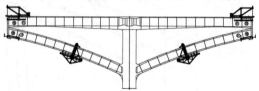

⑤待12号块段混凝土达到一定强度后，挂篮前移至13号块段，浇筑13号块

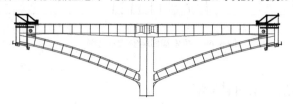

图 5.70 拼接后的上弦挂篮施工法

2. 分别采用上、下弦挂篮施工法

分别采用上、下弦挂篮施工法是指上、下弦12号块分别由上、下弦挂篮合龙施工，其工艺流程如图5.71所示。

①下弦拱浇筑至10号块后暂停施工，上弦梁挂篮施工至12号块

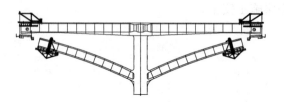

②下弦拱挂篮前移至11号块段作准备，上弦梁挂篮底篮下放10~12cm

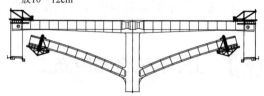

③下弦拱挂篮前移至11号，开始下弦11号块段施工，上弦暂停施工

④下弦拱挂篮前移至12号，开始下弦12号块段施工，上弦暂停施工

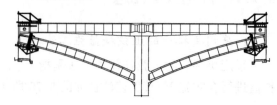

图 5.71

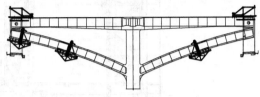
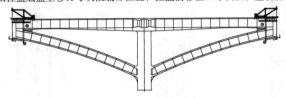

图 5.71　分别采用上、下弦挂篮施工法

采用拼接后的上弦挂篮施工法施工时,鉴于上弦梁 12 号块施工后,下弦拱 12 号块若仍由上弦挂篮浇筑,则下弦拱 12 号块荷载将由上弦挂篮传递到上弦梁体上,在上下弦合龙前,上弦梁体提前受力对上下弦合龙段受力结构产生较大影响,最终,分别采用上、下弦挂篮施工法,即上、下弦仍由各自挂篮施工,在 13 号合龙段施工前上、下弦施工保持相互独立、互不影响的状态。

5.7.2　挂篮下放

如图 5.72 所示,上弦梁施工至 12 号块段后,待 12 号块段混凝土浇筑、养护及预应力张拉等施工全部完成后,挂篮先不前移,挂篮上部固定不动,底篮部分需要下放 10～12m,并采用连接器对精轧螺纹钢进行接长。

先用 4 个链滑车将底篮前后横梁和前后上横梁相连接,连接部位在横梁端头 1～2m 以内,每一个链滑车配备一根悬杆做保险,对链滑车与精轧螺纹钢同步操控,控制底篮下放及提升。链滑车固定好后,松开精轧螺纹钢上部螺栓,开始底篮的下放,精轧螺纹钢在上部位置采用连接器进行连接,底篮每下放 50cm,对底篮平整情况进行一次检查,如果不平整,须及时调平后继续下放,根据现场实际情况下放 10～12m 后停止;固定上悬杆螺栓,检查挂篮各部件固定情况,要求全部固定良好。

上弦挂篮下放过程安全措施如下:

①上弦挂篮施工 12 号块段结束底篮通过链滑车下放时,需保持慢速均匀下放,基本保持平衡,下放过程中安排专人观察下弦拱,随时通报底篮平衡情况,底篮每下放 50cm 对底篮平整情况进行一次检查,如果不平整,须及时调平后继续下放。

②挂篮底篮下放到位后,对底篮悬吊进行固定,检查挂篮各部件固定情况,要求全部固定良好。

③底篮下放施工尽量选择无风天气,底篮下放过程中,如气候状况比较恶劣(风力超过 6 级),应停止下放作业。

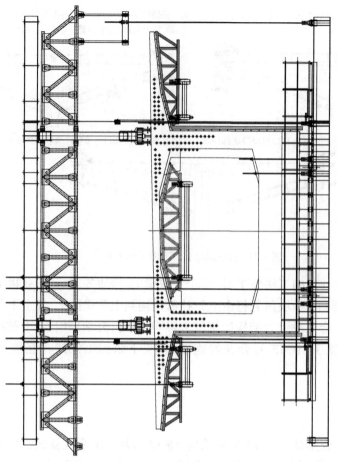

图 5.72　挂篮下放(尺寸单位：mm)

④在底篮下放到位后,为保证在大风天气下挂篮不会大幅晃动,上弦挂篮侧面及端面每两根精轧螺纹钢使用钢丝绳进行对角连接,加强悬吊稳固性,必要时可采用工字钢将上弦挂篮底篮与下弦12号块底板锁定。

⑤底篮悬吊过程中,定期检查精轧螺纹钢紧固件状态,保证悬吊稳固。

5.7.3 下弦挂篮后移及拆除

下弦挂篮拆除节点为:12号节段施工完成,混凝土强度达到设计强度的90%,养护不小于7天;临时索全部张拉完成后先退至11号块段,待12号块之间的临时锁定完成后,挂篮继续后退至拆除。

下弦挂篮在12号块浇筑完成后,待混凝土强度达到设计强度的75%,拆除侧模,侧模拆除后先放至上弦挂篮底篮上,为13号块段施工侧模拼装作准备。

上弦挂篮走行到13号块挂篮下放后,下弦挂篮因受上弦12号块空间影响,12号块端部三角区位置(图5.73)挂篮模板无法施工,因此,通过箱室内模支架搭设木模板进行下弦拱12号块端部三角区施工。

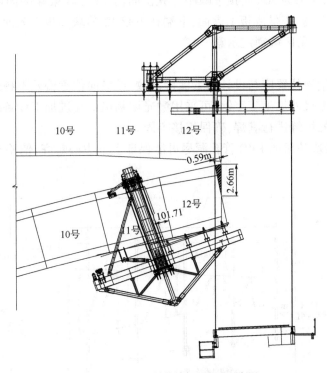

图5.73 下弦12号块端部三角区示意图

5.7.4 临时锁定

上弦梁12号纵横向及竖向预应力张拉完成后,且下弦拱12号块强度达到设计强度的90%以上后,进行上、下弦12号及12′号块临时锁定。上、下弦12号及12′号块在上弦梁底板和下弦拱顶板之间采用 I25b 工字钢和 φ32 精轧螺纹钢筋锁定,提前临时锁定上、下弦的顶板、底板和腹板对应位置,同时下弦拱下承式倒三角挂篮已经后退至 11 号块段。

(1)临时锁定施工

临时锁定施工顺序:上弦梁 12 号块段底板和下弦拱 12 号块段顶板预埋钢板→上弦梁 12 号预应力张拉→I25b 工字钢焊接→φ32 精轧螺纹钢穿孔并预紧。

①在施工上弦梁 12 号块底板和下弦拱 12 号顶板时,提前预埋钢板。

②在施工上弦梁 12 号块段底板和下弦拱 12 号顶板时,提前预埋直径 8cmPVC 管,上、下弦 12 号块通过在预埋的 PVC 管穿 φ32 精轧螺纹钢连接。

③工字钢的安装。提前根据图纸尺寸加工工字钢,主要根据图纸提前加工工字钢两端并量好尺寸,加工好之后在下弦 12 号块段拆除完模板后开始安装,工字钢两端和预埋钢板之间满焊,并焊接牢固。工字钢安装时纵桥向为由 12 号块梁端部向内依次安装,横桥向为两端对称安装。

④精轧螺纹钢的安装。待工字钢安装完成后进行精轧螺纹钢的安装,精轧螺纹钢从上弦 12 号块箱室到下弦 12 号块箱室由预埋的 PVC 管中穿过,上、下端采用垫板和螺母固定并预紧(每根精轧螺纹钢预紧力为 50kN,预紧顺序为纵桥向由 12 号块梁端部向内预紧,横桥向两端对称预紧),上端在上弦 12 号底板上表面,下端在下弦 12 号块顶板下表面。

图 5.74 所示为三角区域锁定示意。

(2)质量检验

①上下弦预埋钢板位置应与设计图纸保持一致,纵横向位置偏差不超过 0.5cm。

②严格根据图纸尺寸加工工字钢,可采用激光切割机等先进加工设备减少尺寸误差,工字钢与预埋钢板之间的焊缝进行满焊,确保焊接牢固。

③上下弦 12 号块预留的 PVC 管孔洞尽可能保证上下中心对齐,偏差不超过 0.5cm。

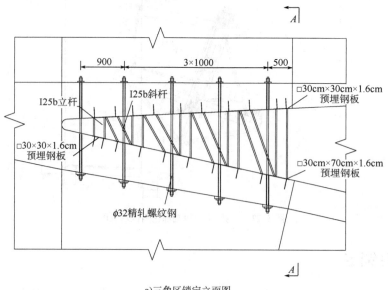

a)三角区锁定立面图

图 5.74

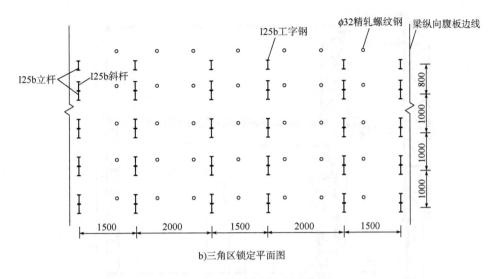

b)三角区锁定平面图

图 5.74　三角区锁定示意图(尺寸单位:mm)

5.7.5　模板系统

三角区合龙段(13号节段)模板系统中,外侧模板主要由上弦菱形挂篮模板和下弦倒三角挂篮外侧面板组成,上、下弦挂篮外侧模板采用与挂篮形式相匹配的可调节悬臂梁高度的定型钢模板形式,定型钢模板按挂篮设计施工图操作要求逐节安装。上弦挂篮在12号块段时,下弦挂篮施工完12号块段后,拆除的外侧模板放至上弦挂篮底篮上,待上弦挂篮前移至13号块段且底篮高度调整至13号底板处,开始拼装外侧模板,模板面采用螺栓连接。拼装时采用型钢搭设简易的操作平台,用3t链滑车配合提升或下降。三角区合龙段模板布置见图5.75、图5.76。

13号节段下箱室内模由木方加胶合板组成,上箱室采用挂篮定型钢模板。其中,内模采用I10和I25工字钢、木方及胶合板拼接,木方间距为30cm(和原下弦拱箱室内模基本一致),内外模板采用$\phi 25$精轧螺纹钢拉杆对拉,一般间距控制在100cm,呈梅花形布置,两块侧模顶部分别焊角钢作竖带用高强钢丝绳对拉,根据结构尺寸调整加固,转角或局部受力较大处需要加固处理。图5.77所示为下弦拱箱室内模布置图。

桥梁边跨现浇段采用梁柱式支架现浇。边跨、次边跨以及中跨合龙段均利用悬臂浇筑挂篮悬吊模板浇筑,如图5.78所示。

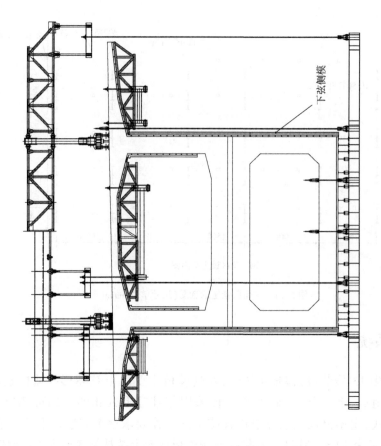
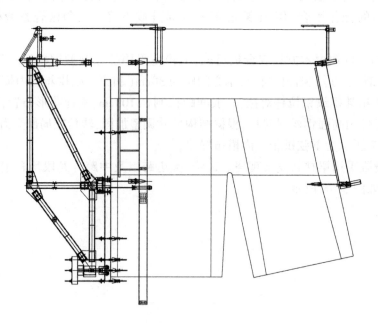

图 5.75　13号块段模板布置图

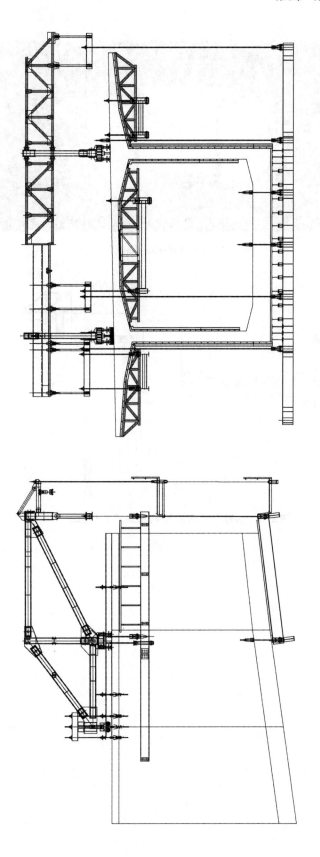

图 5.76 上弦交汇以后节段挂篮模板布置图

图 5.77 下弦拱箱室内模布置图

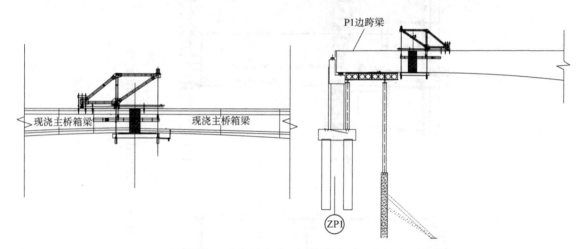

图 5.78 边跨、次边跨及主跨合龙段施工示意图

参 考 文 献

[1] 赖亚平,乔云强,刘安双.梁拱结合 飞耀桥都——重庆礼嘉嘉陵江大桥设计创新实践[J].桥梁,2021,5:74-78.
[2] 丁艳超.大跨径梁拱组合刚构桥结构力学行为与拱梁结合构造研究[D].重庆:重庆交通大学,2020.
[3] 白佳鹭.梁拱组合刚构桥梁拱结合构造及力学行为分析[D].重庆:重庆交通大学,2019.
[4] 廖超.梁拱组合连续刚构桥极限承载力影响因素[J].山东交通学院学报,2020,28(2):33-40.
[5] 卞凡.梁拱组合刚构桥受力性能研究[D].重庆:重庆交通大学,2020.
[6] 欧阳智翔.梁拱组合连续刚构桥主梁设计参数分析研究[D].重庆:重庆交通大学,2020.
[7] 李智.梁拱组合刚构桥地震响应下设计参数优化研究[D].重庆:重庆交通大学,2020.
[8] 李亚勇,杨培诚,周学勇,等.大跨径梁拱组合刚构桥下弦拱梁悬浇施工力学行为分析[J].重庆交通大学学报(自然科学版),2022,41(8):79-87,111.
[9] 丁艳超,向中富,李亚勇,等.基于损伤塑性本构模型的上承式梁拱组合刚构梁拱交汇节点极限承载力研究[J].重庆交通大学学报,2020,39(11):65-75.

参考文献